疯狂跳槽

魏 新 ◇ 编著

北京工业大学出版社

图书在版编目（CIP）数据

疯狂跳槽 / 魏新编著．――北京：北京工业大学出版社，2012.12

（社会现象透视丛书）

ISBN 978-7-5639-3308-2

Ⅰ．①疯…　Ⅱ．①魏…　Ⅲ．①职业选择–研究–中国　Ⅳ．①D669.2

中国版本图书馆CIP数据核字（2012）第271669号

疯狂跳槽

编　　著：魏　新
责任编辑：常　松
封面设计：尚世视觉
出版发行：北京工业大学出版社
　　　　　（北京市朝阳区平乐园100号　100124）
　　　　　010-67391722（传真）　bgdcbs@sina.com
出 版 人：郝　勇
经销单位：全国各地新华书店
承印单位：唐山才智印刷有限公司
开　　本：787mm×1092mm　1/16
印　　张：18.25
字　　数：250千字
版　　次：2013年1月第 1 版
印　　次：2021年1月第 2 次印刷
标准书号：ISBN 978-7-5639-3308-2
定　　价：32.00元

版权所有　翻印必究

（如发现印装质量问题，请寄本社发行部调换　010-67391106）

总序

在生活中，我们必须用辩证的方法看问题，走极端是要犯错误的。事物都具有两面性，我们应该审慎对待，否则就会出问题。从认识论的角度来说，也许反面的例子更能给我们真正的启示和帮助。"社会现象透视丛书"针对很多当代人缺乏理性的不科学的生活方式，通过大量发生在现实生活中的事例，提出独到的见解和建议，希望能让读者从中受益。

"社会现象透视丛书"包括：《疯狂投资》、《疯狂创业》、《疯狂跳槽》、《疯狂上网》、《疯狂婚恋》、《疯狂崇拜》、《疯狂旅游》。通过阅读这套丛书，相信读者朋友会做好调整，建立良好的生活方式，保证健康的体魄，赢得事业的成功。

与 君

既精炼又意志坚定。千百年来,普普通通的男男女女为了他们心目中的信仰,奋不顾身,英勇捐躯。岂错,他们中的某些人也可能会有某种未知的能力。"你喜欢就信吧",一样,这种精神奇迹的出现,却常常充满着活力,横扫了大千世界而来,无疑地,更多的人则能以斯祖其英行有的人竟然能够清除到重重的挂账迷漫,而有的人的精神尽在前列的人长久打算过,只是一味地顺命随服,有的甚至眷恋着行的种种,并为这和种的为自己打开了自己有着有情的之识。正如水井先说谁实上看起精神那样的一样——有目的精神,即观念精神,活动精神,主力精神,那底精神,习惯精神,反正都精神方式,等等,但这些都可说或为你的信念和目的。事实上,永远都是,事者都集中我们照明的。或者是它们是到的各种的精神目的,我们便只能说事与愿违的地方,而事与愿违,不多就是谁愿它们中,因为他们总是但支持各自到达无关无底的代价的!

|与 君|

第一章
盲目跳槽，不做规划也疯狂

目前职场跳槽者中，至少有六成以上属于盲目跳槽，即在没有做好职业规划的情况下就匆忙跳槽。上班太远、工资不高、心情郁闷等，都可以成为跳槽的理由。在这一过程中，一是不了解个人的职业兴趣与竞争优势，不知定位在何处；二是如此情况之下，在工作一段时间后，很容易对现有职业产生厌烦心理。对于那些未规划好，或是自认为"运气"不佳的跳槽者来说，客观上的结果，就是职场能量的积累在盲目起跳后快速接近于零。

盲目择业，盲目跳槽

"跳槽"，在1990年的《新华词典》中，"查无此词"；在1994年的《现代汉语词典》中，"查无此词"；在2001年出产的"商务通"中，"没有相关的英语单词"。无疑，在现代汉语中，"跳槽"和"炒鱿鱼"或"打工"一样，属于从港台那边来的"新新代"单词。而它的最初出处，一时竟难以确切地考证。

自从20世纪80年代初中国实行以聘用制为主要形式的人事体制改革以来，跳槽已经慢慢变成一个大范围的社会性行为。当父辈们还在怀念"一工（一个工种）一厂终身制"时，这些20世纪八九十年代出生的"小兔崽子"们早已树立起不再"从一而终"的工作观。

2005年毕业的小赵，一年半的时间里，跳槽八次，跳槽频率之高，令人咂舌。

小赵大学里学的是计算机专业，毕业的时候一门心思考公务员，但却名落孙山。最后只好匆忙开始找工作。第一份工作是程序员，因为自己专业不扎实，做起来非常吃力，没几天小赵就不干了。后来陆续做过计算机管理、网站编辑、业务代表等，都因为各种原因辞职不干了。差不多平均两个月就要跳槽一次。

一个偶然的机会，小赵进入了一家大型IT企业担任技术文秘，到现在已经做了将近两个月了，他又开始琢磨跳槽的事情。但他自己也知道，跳槽的频率太高，就会对自己的工作非常不利。所以，小赵拿不定主意究竟该怎么办了。

点评与建议

刚刚毕业并且在现有的工作岗位上待的时间还不到一年,那么对你而言,还没有到可以让你对现有公司挥一挥手,带上一堆金子去新公司走马上任的时候。这时候离去,对你而言,价值是不大的。

职业顾问认为,小赵的情况主要存在一个职业定位的问题。小赵在销售类岗位上有自己的潜在优势,所以建议他放弃专业对口的想法,向销售类方向发展。因为小赵现在的工作单位是一家大型IT企业,福利待遇等方面非常好,如果在这家企业做销售,小赵有着专业上的优势。所以,小赵不要辞职,采取内部转岗的形式转到销售类岗位工作最好。根据小赵目前的知识结构,小赵还应该根据新的职业目标完善知识结构。

很多人跳槽之后会发现新工作仍然不能让自己满意,于是继续跳,结果跳来跳去不仅没找到合适的工作,反而陷入了跳槽的沼泽区。跳槽不是解决职业迷茫的有效手段,它只会造成职业竞争力的断层流失,频繁跳槽只能是职场不能承受之痛。

盲目跳槽的职业经理人

为了事业，从零售行业进入制造业；为了家庭，从制造业又回到零售行业。吴安是一个女职业经理人，从事人力资源八年，目前已经是一家企业的人力资源经理。从2000年开始，她进入零售行业从事人力资源工作，三年后为了事业的发展跳槽进入珠三角一家大型制造业企业，现在她为了家庭又跳回到广州一家零售企业。对新东家不太满意的她目前处于骑驴找马的阶段，正酝酿着下一次跳槽。

吴安于2000年进入零售行业，这是她进入HR（人力资源）职业生涯的第一份工作。一年以后因为表现出色，吴安晋升到主任的职位。渐渐对HR工作驾轻就熟的她，感觉担任HR只在一个行业发展不能积累足够的经验，她想，如果仅仅在零售行业做十几年，将来也只能做零售行业，但是对不同的行业有更多了解，就能为将来的职业规划提供更多选择。

吴安自认为是一个事业心比较强的人，希望在事业上有更大发展，于是将目光投向其他行业寻求发展机会。2003年，她成功地跳槽进入了一家知名的制造业外企担任人力资源主管，在更大的平台上她开始了新的职业发展之路。

对于这个新东家，吴安感觉自己的跳槽选择是正确的。在不同的平台，能运用的资源和发挥的潜力大不相同。以前虽然是主任，但是手下没有人，大家所做的事情都差不多。而进入这家制造企业，吴安好像找到了管理者的感觉，她在这里学会了培训下属，她进入之后，HR部门从四五个人发展到了十六个人，这一点她感受很深。

吴安在新东家面临着许多新挑战。这家知名制造企业规模很大，用人需求也多，不仅有机会做专场招聘，还做电视广告，她还学习和运用了许多先进的HR工具。几年来她负责招聘的人数超过了1000人。

随着公司规模的扩张，吴安开始专职做招聘。这家公司的要求比较高，不是头痛医头脚痛医脚，而是根据人力资源规划开发大量的后备人选，建立人才库，等到缺人的时候马上能够找到后备人选，以往都是需要人的时候抓到人就行！

2008年，在事业上发展得顺风顺水的吴安做出了一个选择，从这家知名的外企跳槽到了一个小的民营企业，职位升到人力资源经理。这次的选择，她是为了家庭。五年前她想都没想，为了事业发展去了珠三角的公司总部。但是现在她生小孩之后，更想平衡家庭和事业，希望能在广州发展，多一点时间照顾小孩。因此，当猎头找到她的时候，她就选择了到这家民营企业工作。

与第一次跳槽相比，吴安认为这次跳槽比较失败，她感到不适应。外企做事讲究效率，非常系统。而民企却讲究人际关系，要看老板眼色行事。往往不是能力的问题，而是能不能受气的问题。虽然她被提升为经理，然而有时处理事情感觉不像是经理，处处要迎合老板的喜好，亲力亲为处理一些琐碎的小事情。如果吩咐手下的人去做，老板会不高兴。老板认为人力资源部门是后勤部门，而非战略伙伴，希望按照自己的方式来处理事情。总之，吴安认为老板没有长远的眼光进行人才培养和留用，意识停留在短浅的招用员工上。吴安感到非常不适应。

对于现在的处境，吴安又在"骑驴找马"，一开始只想回到广州，先找一家干着，去其他公司面试也方便。

点评与建议

对于像吴安这样想要跳槽的职业经理人来说，职场专家给出了如下建议：

一是要目标明确，不要盲目地跳槽。首先要衡量自己的实力，如果自己在一两个行业积累了一定的经验去跳槽最好。并且要透彻地了解目标公司，衡量该行业是不是朝阳行业。

二是不要频繁跳槽。如果在一家不错的大公司，可以慢慢积累，等待提升的机会。不一定要跳槽，毕竟大公司的绩效和薪酬机制比较完善。如果起步不是太好，要选择性地跳，最少要待二至三年再选择其他公司。对于职业经理人，完整地帮助企业解决存在的问题，推向新的轨道至少需要两年时间，频繁跳槽不利于个人成长。

三是高层次人才跳槽，最大的问题是如何对新企业或新老板有深度了解，不要轻易介入老板（股东）们之间的利益斗争。同时，劳动合同条款的沟通和确认工作要做细致，要有方法能够保证自己的薪酬如数兑现，防止自己的权益受损。

盲目连环三跳，越跳越糟

我们随时都有可能面临跳槽的诱惑与选择，但是，是否真的每个人都能如愿以偿呢？除了选择跳槽外，个人价值升值的方法和途径是多样化的。不能排除个人发展有多种方式，但是如果你没有"门道"，或者一心追求稳定的话，那么，按敬业、合作、进取的理念做好每件事情就是最佳策略。

但在现实生活中，有很多职场人盲目连环跳，结果越跳越糟。

志新的第一跳是到一家外资企业当文员。主任喜欢志新的写作风格，志新很快就进入了工作角色。两年后，就在志新要升职时，主任神不知鬼不觉地跳槽了！

新来的主任比志新还年轻一岁，他不欣赏志新写的材料，经常要志新改好几遍才满意。他对人苛刻，经常挑志新的毛病。志新咬紧牙关在他手下待了半年，不得不走人。

志新的第二跳是到一家合资企业从事广告策划。刚开始这家公司的效益不错，但不久就受亚洲金融危机的影响，业务量直线下降。志新这次吸取第一次的教训，没有立即抽身，而是坚定地与公司同舟共济、共渡难关。

一年后，志新被刚刚提升为部门经理，可公司一直没有走出困境，不久就倒闭了。

志新的第三跳是一家牌子特别大的"国际公司"，进去时考核非常严格。不料他们却是地地道道的骗子，利用招聘来为自己做广告，新招的员工白白为其工作一个月，就被找个借口全部解聘。

今年3月,志新顺路去了第一个工作单位,那里的变化真大呀。老一代的全部退休了,各级领导和技术负责人都是恢复高考后毕业的大学生。和志新同年毕业的人,一般的也是院属二级单位的副总工程师,混得最差的也是主任工程师。宽敞明亮的办公室里一人配一台电脑,可以全天候上网。想到自己34岁了还无处生根,志新羞愧地走了出去,无声无息地融入熙熙攘攘的人流中。

点评与建议

企业不像政府,企业有自己的市场竞争目标和业务发展目标,只要员工的努力有利于公司目标的实现,自己的价值就能得到体现。只要你对所做事业还很热爱,只要你的梦想还藏在心间,就不必迷失在"围城"中。

盲目转行，身价大打折扣

需慎重对待转行，如果自己对所要转入的行业一窍不通，或者自己积累的经验不足以应付将要面对的局面，最好还是放弃。因为转行意味着要放弃很多此前的积累，并从头再来，这对于职场发展来说，要付出不小的成本。

阿秋毕业于上海一所知名大学，本科所学的专业是信息技术，毕业后在一家中型电脑公司任职。在前几年IT业火爆的时间里，他迅速成长为一名高级白领，月薪7000元，与身边其他同学相比要高出一截，这让他感到很是满足。可是好景不长，没过多久，IT业已经不如过去那般火爆，阿秋的身价自然也不如从前了。此时，他已在上海购买了住房，每月有近3000元的按揭贷款需要归还，面对不断缩水的薪水，他想到了跳槽。

有从事医疗器材的同学建议他做销售，他也看到这位同学在短短几年内取得的成就：买房、买车，而且银行里还有一笔数目不菲的存款，这些都是通过推销医疗器材得到的回报。于是他毅然辞去了原有的工作，并在同学的帮助下，很快进入一家医疗器材公司，底薪2000元，提成非常丰厚，如果一个月的销售额达到10万元的话，收入便可过万元。

然而，现实并非阿秋想象的那么简单，当他拿到那些医疗器材的资料之后，才发现自己对这些一窍不通，虽然靠死记硬背记住了其中一些功能，但是与客户面对面交流时，他还是无法回答客户的问题，更谈不上说服别人购买他的产品了。三个月下来，阿秋无法完成规定的任务，收入当然也很少，还不足应付银行按揭贷款，他只好举"白旗"投降。

此后，阿秋做过快速品销售、保险销售员等，由于没有建立起自己的销售网络，收入很不稳定，在2000~8000元之间徘徊，而且低收入的次数占多数，他一度感到非常迷茫。最后，在同学的帮助下，他进入一家IT公司重操旧业，收入才稳定下来。

点评与建议

人的职业生涯开始时的确容易有失误，但是有时间限制，一般情况下须在25岁之前完成。最好是一次性找到职业锚，否则职业生涯过程会比较艰难，而且越到后面越难。但是如果到了职业发展中期因为特殊情况非转不可，那么也可在30岁前后进行重新定位。

在此需要提醒的是，转行时一定要能够在工作经验上有所拓展，不要在没有充分准备的情况下转入到陌生的行业。如果选择转行，原有的积累最好是能够借鉴过去，这样便于自己迅速进入角色。同时，在进入别的行业之前，也要对整个行业进行了解，做到心中有数，而不是听信别人的说法。

盲目跳槽，不考虑专业匹配

如果你的性格和天赋与现在的工作岗位不匹配，就要先认清你的"本我"，明确自己的职业方向，再考虑往哪里跳。否则，就会失去进一步发展的可能，甚至会陷入迷茫和痛苦的境地。

兰芝是空姐出身，身材高挑苗条，面容姣好。她在念大学时学的是计算机应用专业。快毕业时，航空公司来学校招空姐，许多女同学，特别是漂亮的，都争先恐后地应聘。兰芝凭着她醒目的外形、出众的口才，从三百多个竞争者中脱颖而出，如愿以偿地做了一名令人羡慕的空中小姐，而且一开始就飞国际航线，去了不少国家。

做了五年的空姐，年龄也大了，加上结婚了要生小孩，她就转到航空公司下属一个公司做行政。做了一年，感觉实在没有意思，就跳槽了。在新公司做了不到一个月，又辞职了。后来去了一家公司又做了不到三个月。最后来到现在这家顾问公司做客户服务，但做了六个月就又想走。这期间，她也在读在职的MBA，明年就要毕业了。

兰芝最开始放弃自己所学的专业去做空姐，是觉得这是一个人人都羡慕的职业，当初不懂得这是一个吃青春饭的职业，做了空姐就很难转到其他的好职业。当时对职业没有长远的规划，到后来找工作就更乱了，找到什么就做什么，没有跟自己的专业和兴趣联系，结果才会换了一个单位又一个单位。

兰芝的困扰是，她找工作没有什么专业性和目的性，就算她拿到了MBA的学位，可发现MBA也是一个"万金油"的专业，但她没有任何经营管理方面的工作经验的支撑。现在她开始思考这个严重的问题，开始静下心来总结了：我不能再像以前那样就业。我需要给自己定位，找出自己的兴趣，知道自己的性格，搞清楚我到底适合做什么工作；我不能做每份工作都是几个月，再也不能盲目地跳槽了。

点评与建议

是否跳槽，首先应该考虑自己的性格和天赋与现在的岗位是否匹配。如果你的性格和天赋与现在的工作岗位匹配，但你仍然对现在的工作不满意，普遍的原因有这样几种情况：

一是与上司的关系不是太好。这个时候就要考虑与上司的关系是否有可能改善，如果很难改善，先要看看其他部门是否有适合你的岗位，再考虑是否跳槽。

二是如果整个公司的内部环境不好，你要考虑是暂时的，还是将会是长期的，如果将会是长期的，就要认真考虑是否该跳槽了。

三是如果是整个行业的大环境不好，关键还是要看你在这个行业有没有发展前途，你的工作岗位是不是这个行业的核心业务岗位，你的岗位是不是能充分发挥你的性格和天赋的长处（注意，首先是性格和天赋的长处，其次才是你所学专业和工作经验的长处，这才是"扬长避短"的真义），如果这二者都是的，表明你在这个行业有发展前途，就不一定要转一个行业，即使是夕阳产业，仍然是社会需要的，关键是你自己在这个行业是否有核心竞争力。如果你的岗位不是核心业务岗位，可以考虑转行。

四是如果是觉得待遇低，就要考虑长远目标与短期利益的平衡、学习与发展的平衡，当然把握好这个平衡的前提是对自己的职业有一个明确的规划，学东西的阶段收入只能排在第二位，发展的阶段待遇不理想也要考虑往后待遇是否会提高和行业的薪资水准。

究竟是"跳槽"还是"卧槽"，只有搞清楚上述问题，才能做出理性的抉择。

盲目跳槽带来的职业危机

在"金九银十"跳槽黄金期,有的人蠢蠢欲动,等了大半年,此时不跳更待何时?而对于职场中人来讲,跳槽也不是一蹴而就的容易事。人往高处走,职业人纷纷跳槽,空出的职位多了,竞争的人也变多了,盲目跳槽也暗藏危机。职业转换寻求发展,是跳槽的重要原因。下面的三个案例证明,盲目跳槽的成败,直接关系到个人的"钱"途与发展。

阿志在大学里主修广告专业,刚毕业在一家广告公司做文案。半年后,他的一个在猎头公司工作的朋友给他提供了一个信息:在大公司里做老板秘书不仅薪水高,日子舒服,而且发展好,因为很多大公司里的行政部门的经理都是老板秘书出身,阿志被说得心动了。后来在这个朋友的帮助下,阿志真的进了一家500强企业做某高层的秘书,但是他很快就发现自己不合适:每天早上要给老板泡咖啡感觉不平等;上下班打卡感觉不自由……这些都跟自己熟悉并喜欢的广告公司不一样,试用期未满他就赔了违约金,打算重回广告公司,但是这时候他就只能从头开始了。

阿发是某集团信息总监,正当他在某大酒店干得热火朝天之际,某猎头公司来电,称有一家中德合资的制药企业急聘信息部经理,开出的工资是他原来的一倍。在还没搞清楚实际工作性质的前提下,阿发被利益冲昏了头,急急忙忙辞了职。然而,一到新岗位,阿发立刻就傻了。做的工作是以前从没有涉足的行业,还得从头学起。虽然名义上是MIS经理,但事无巨细,都要向老板请示汇报,连买个电脑鼠标都要老板亲自点头。不够乖巧的阿发在试用期内就被炒了鱿鱼。

阿文毕业于某名牌大学,学的专业是工程造价专业,但是由于喜欢稳定的工作,她从一家建筑公司跳到了一家商业银行,从事最基础的柜面工作。每天面对计算机进行一些简单的录入,可以说这些高中生都可以完成,只要具备一定职业操守就可以了。面对日复一日的工作,这位昔日的高才生感到了疲倦与厌烦,想再次跳槽,然而面对自己所学专业的搁置,能力的荒废,她不知道该如何面对。自己新的职业方向在哪里?

点评与建议

阿志的情况在职场专家看来,盲目跳槽的结果在其身上表露无遗。职业发展并不是根据薪水与职位的高低来确定,更重要的是能够严格分析把握自己能做什么,适合做什么,结合自身的兴趣、能力、爱好、价值观等来分析自己,在这样的基础之上作出跳槽与否的抉择。

很多职业人对待自己总是以他人为指导目标,他能力不怎么样,工作却很舒服,拿得也比我多,那么他的职位如果我去做会更好,等等。对于企业来说,为实现企业的最大价值,需要找的是最适合的人,而对于个人来说也是如此,在跳槽过程中,要寻得长期的发展就必须找到真正适合自己的岗位,也才能发挥出自己最大的潜力,赢得发展的成功。

阿发所从事的工作体现了该行业跳槽现象的一些特点。据一家调研中心的数据显示:高达73%的职业人在高薪的诱惑之下,盲目跳槽,结果却是跳进了发展的死胡同。

职场如战场,没有深谋远虑,职业发展的航船就会随时搁浅。阿发所从事的行业是服务行业,他在服务行业或相关行业继续发展可能前途无量,跳槽到了自己从未涉足的行业,首先就是一步险棋,更何况连公司的情况都没弄清楚。

在一个有潜力的职场里，个人资本会成几何级数裂变增值；而把种子和汗水撒到盐碱地里，则可能颗粒无收。在跳槽的时候要考虑自己的专业是不是把种子撒到肥沃的土壤里了，种子种到这样的地里能收获吗？

阿文跳槽后的茫然无措，反映了盲目跳槽者较为普遍存在的问题。轻松、稳定、高薪是很多职业人的求职初衷，其他的都无所谓，所以在跳槽过程中就不会去考虑自己到了这个岗位上是否能够真正的发挥自己的能力，利用到自己所学的知识，对自己将来职业的发展是否有好处，等等，对他们来说眼前得到的是最重要的。然而在机械重复劳动一段时间之后，发现自己无论是职业能力还是职业兴趣都不在本工作上面，工作是越做越痛苦，想跳槽却发现自己根本就不知道往哪里发展了。

对高薪、高职的渴求本身无可厚非，但是追求的前提是要有利于自身未来职业的发展，如果仅仅着眼于眼前的利益，那么你丧失的将是自己的前途，原本该得到的丰厚的利益回报也因为鼠目寸光而化为泡影。所以对于职场人士来说，从事任何一个岗位都要问问自己是否能够对自身的未来负责。

上述阿志、阿发、阿文三个人盲目跳槽的事实表明，他们在领悟这个道理的过程中所付出的代价。所谓"不积跬步，无以至千里；不积小流，无以成江海"，职业发展本可以是一条直冲云霄的直线，但更多的职业人却选择了蜿蜒曲折的道路，职业目标盲目而遥远。着眼于总的职业目标，明确自己下一阶段的发展是关键。

第一章 盲目跳槽，不做规划也疯狂

盲目跳槽，没有下家难落脚

只要你身在职场，"跳槽"就是一个你永远也绕不开的话题，正所谓"人往高处走"，可是，什么是"高"，为什么"走"，怎么"走"都不是容易的事。

丽丽2008年毕业后进入某日资银行市场部工作。四轮面试一次通过，她的求职过程很顺利，该银行也有着响当当的名号。名牌大学、知名企业，又是热门的行业和部门，薪水也不错，在很多人眼里，丽丽该知足了。

可是工作了一年多，丽丽却一肚子牢骚。她的专业是日语，但是她学的日语本来就兼修经济学的，所以当时进日资银行她还觉得挺对口的。刚工作时，她也很知足。可事实让她很失望。第一，工作的内容非常单调，完全没有真正起到市场策划、营销的作用。第二，工作环境不好，连一人一台电脑都没有。她在银行不过才一年多，也谈不上什么资源积累，现在转行也没什么可惜的。

丽丽心里这么想，所以铁定是跳槽了。丽丽在没有想明白的情况下，就稀里糊涂地走出了公司的大门。

丽丽现在没了落脚点，面临着该往哪里跳的问题。她已经四处托同学、朋友了，看看他们能不能帮着推荐一下。

点评与建议

丽丽这样的情况其实很普遍。尤其是对一些毕业后刚工作不久的大学生来说，工作一不舒服就想"动"。但是，往哪里"动"一点方向也没有。他们最多的话就是:"不想干了,但是我也不知道自己要干什么,能干什么;反正就是现在的工作不想干了。"虽然要让没什么工作经验的大学毕业生马上定出职业方向,并"把跳槽作为职业生涯发展的一个台阶"有点苛刻。但是,对于为什么要跳,还是需要仔细分析的,然后对跳槽后的工作得出一定的预期。

以丽丽的情况为例,她对现在的工作不满意,首先是工作内容太简单。那么,她应该看看市场部其他员工都做些什么,比她资历老的在做什么。那些工作可能就是她未来要做的,然后再判断自己到底是对目前比较初级的工作不满意,还是对市场部的工作不喜欢。

假如只是对工作太初级不满意,那么不妨收回跳槽的念头,和老板谈谈,看看能不能增加工作内容。前提是必须态度积极地把目前的工作完成得很漂亮。否则,也不可能得到更有挑战性的工作。如果她是对市场部的工作不喜欢,那建议她换方向。第一步还是看看能否在银行内部调整。一来她工作经验不够多,二来银行的背景很好,轻易放弃很可惜。

如果她和老板沟通,不能给她在内部重新安排合适的工作,那么只有先按兵不动,然后暗中行动。行动前还是得想清楚,自己到底喜欢做什么,对招聘岗位上的职位描述也要看仔细。否则,她就会发现,现实和想象的差距很大。

盲目跳槽，难脱"布朗运动"

所谓布朗运动，是指空气中的悬浮微粒不停地做无规则运动的现象。盲目跳槽也就是职场中的"布朗运动"，对于你的职业与发展没有任何好处。

在职场，大多数人把自己的第一份工作作为一次尝试和锻炼，很少有人确定将忠于这份工作，当过了几年后，你已经初步熟悉了社会上的情况，掌握了一定的工作技能，这时的你渴望更大的发展空间。但是此时的你却充满了困惑，比如心态不稳，忽左忽右，忽上忽下；难耐诱惑；作为高级管理者的综合素养和情商不足；以历史英雄为偶像，并进行模仿；受制于成长的背景，拒绝改变。

如果你出现了这种情况，就意味着你已经碰到了职业的瓶颈。这时的你想追求更高的东西，那么跳槽就会成为你的选择。如果此时你只想为了跳槽而跳槽，那么你的跳槽就会没有规划，进而带有盲目性。

周荣大学毕业后应聘到一家大型台资企业，由于工作努力，几年下来，业绩一直都不错，周荣也很受老总喜欢。于是提拔他担任市场开发部的副经理，但是自从他担任副经理之后，公司给他"空降"了一个总经理，这个总经理好像故意与他为难似的，处处为难他。加之他认为自己的上司都用"空降"的方式而不是从内部员工中选拔，表明公司不信任自己，如果自己还留在公司的话，很难再有发展前途。同时他看到和他一起进来的同期员工已经走了大半。终于，熬到一年半的时候，他也胜利大逃亡了。

周荣跳到一家公司担任部门经理，但是由于专业不对口，当时匆忙找到的工作只做了两个月就放弃了。接下来的大半年里，周荣完全体验了找工作的艰辛，先后两份工作都是在不知名的小公司，尽管职位比以前的高，但是没有实权，也没有好的发展前景。

一年之后，周荣跳到了一家IT公司。在新公司，由于工作与自己的专长毫不相关等问题，眼看着"蜜月期"还未过完，一段"姻缘"又要走到尽头了。

点评与建议

周荣的跳槽就好像赌博，成败就在一念之间。选择对了，一片光明；选择错了，就是地狱。这不是危言耸听。所以，当你碰到了你的职业瓶颈的时候，跳槽是你突破这一瓶颈的方法之一，但却不是唯一的方法，有时候你要想解决职业瓶颈的问题，跳槽不如摆正心态。

如果你确实想通过换一个环境来解决这一问题，你不能盲目，在跳槽之前，要考虑以下三个方面：

一是根据自己的专业技能和管理经验，跳到新的专业管理岗位上。

二是根据自己的专业特长和个人禀性，转向专业领域，目标是发展成为资深专家。

三是通过学习和培训掌握新的技能后，跳到新的相关岗位上发展。

除此之外，你还要在心里问自己三个问题：

"非跳不可吗？"现在的就业形势一年比一年严峻，你"炒"单位是很容易，但是你"炒"了之后能不能安全"着陆"则是一个大问题，万一新公司不是原先所想象的花好稻好，甚至还不如原公司，那后悔就晚了。为了跳槽而跳槽是愚蠢的行为。

"新公司一定更好吗？"你跳槽是要解决自己的职业瓶颈问题，那么你在跳槽之前就必须做好对新公司的分析工作。比如该公司的发展目标、发展前景、企业文化、该行业的发展状况、个人在公司的职位职务、晋升空间乃至薪酬福利等，如果的确比现在的公司好，再跳也不迟。

"现在是起跳的时机吗？"好的跳槽是要抓准时机的，没有好的时机，你就有可能会"踏空"。专家认为，跳槽的最好时机是你在原来的公司完成一个重要的项目或取得一项较大的业绩之后，如帮公司建立起一个新的办事处，或将销售额从1000万元提升到了2000万元。因为这些成就和业绩将极大地提高你在下一个老板眼里的价值。从职业人的责任感来说，在一项工作顺利完成以后再离开，体现了基本的职业道德。

如果你做好了这些准备，你的跳槽就不是盲目的，那么你的跳槽就是合理的，从而也能为你解决你的职业瓶颈问题提供条件。

盲目"闪跳",迷惑的跳槽过程

"跳并快乐着"成了很多人的口号,尤其是一些刚刚踏入社会的年轻人。有数据显示,找到工作的大学生中由于各种原因有近70%会在一年内有一次以上的工作变动。

很多刚刚参加工作的人认为"跳"是充满理由的:原工作太辛苦、待遇差、公司环境压抑、同事素质低、没有发展前景等,都是跳的理由。然而,当真的洒脱地跳了后,结果却往往并不快乐。

25岁的阿辉是公司职员,大专毕业找工作的时候,他发现很多岗位都要求有工作经验。显然,这对他这样的应届毕业生来说增加了难度。还好,他找到了一家公司做采购助理,这个岗位对工作经验的要求不高,一腔热忱的阿辉觉得大有可为。

采购助理的工作虽然算不上压力很大,但是,在琐碎的事务处理中,阿辉还是学到了不少东西,这些都是他在学校里没有接触过的。做了两年,阿辉一直感觉很愉快,也很得心应手,还觉得积累了不少经验。阿辉想,用不了多久,自己就可以往上走一步了!

可是,事情的发展却并不如阿辉想象的那样好。在单位的一次人事调动中,本想在采购部有所发展的阿辉居然被安排到了市场部——一个他完全陌生的工作环境。

市场部主要做的是广告策划和产品推介,跟阿辉以前在采购部的工作性质有很大不同。其实倒不是阿辉不愿意从头学起,而是他对这些东西实在不感兴趣。再说,跟新领导的相处也不是很融洽,他的工作热情也就随之淡下来了。

跳槽念头一旦萌生，在工作空闲的时候，阿辉就时不时上网了解招聘信息。

正在阿辉酝酿递交辞职信的时候，人事部的同事反而先找阿辉商量来了。因为阿辉跳槽的念头已经形成，所以也不怕跟他们面对面。他们表示希望阿辉考虑一下，鉴于阿辉两年来的工作表现，如果留下来的话很可能会有升迁和涨薪水的机会。阿辉也很明确地告诉他们：如果可以把我调回原来的部门，我会考虑留下来。最后协商的结果是，他们不能为阿辉调换部门，但是承诺会给阿辉涨薪水。

这是一个口头承诺，能不能兑现还是一个未知数，再说阿辉的去意大家都知道了，既然如此，留下来也没有多大意思。阿辉决定辞职另谋去处。

跳槽，对于很多职场新人来说不是新鲜事，阿辉的同学朋友中有很多都跳过了，像阿辉这样一做就两年的还真不多。同学跟他说："不愉快，就跳了呗，有工作经验了找起工作来应该比刚毕业时容易一些吧。"阿辉当时一听更有自信了。

阿辉在网上寻寻觅觅一番后发现，找份合意的工作想起来简单，做起来完全是另外一回事。经过几次面试，效果都没有想象中的好。闲在家里的滋味不好受，所以，阿辉加快了寻找"下家"的步伐。

终于，有一家公司给阿辉递来了橄榄枝，而且同样是采购部门的工作，这是他的老本行，做起来应该轻车熟路。但是阿辉了解到，在圈中，这家公司的口碑并不好，很多朋友和同学知道后都劝阿辉不要去，说那里的老板是出了名的抠门，而且，新人进去只能升迁到一定程度，再往上基本是不可能的事。再说了，这家公司离他家很远，如果去工作，每天花在路上的时间就要四个小时左右……虽然存在这些问题，但阿辉还是想进去试试看，他觉得，道听途说哪里比得上自己的经历更能证明一切？

带着对新工作的美好向往，阿辉愉快地接受了它。前三个月是试用期，可是，在试用期里，阿辉就感觉到了新工作带来的压力。

本来，阿辉他们的工作时间是早上八点半到下午五点半，可是，公司里有这样一个默认的规则，即新人不得早于七点半离开公司。领导照例是不按时下班的，新人们也只好硬着头皮陪着他，虽然手头并没有实质性的工作要做，但为了敷衍领导，还是只能假装坐在位子上磨洋工。而且，领导从来不布置具体的工作给新人做，完全把新人晾在那里，让人感觉进去不是学东西而是在大把地浪费时间。

试用期终于结束了，阿辉还没有缓过神来，领导就突然在阿辉面前甩了好大一摊事情，把阿辉弄晕了。从试用期到正式接手工作，当中一点过渡都没有，应对工作让他很忙乱。好在他以前有过一些经验，摸索起来并不难，几天下来，一团乱麻终于被他理顺了。

没想到，阿辉他们的直接领导却又是个难伺候的主，所有的事情都要他说了算，可他却是一个非常喜怒无常的人，常常凭自己的喜好作些莫名其妙的决定。有的时候，阿辉把所有的价格整理好，所有的公章盖好，忙了一天把资料理出来送到他面前，他略微翻翻就说不要这些了。他动动嘴很容易，这就意味着所有的账目都要重新换过，重新收集，重新走一遍同样的流程。更让人无法理解的是，他居然不会用电脑，也不准别人用电脑，所有的材料都要求阿辉他们手工整理，因为他觉得电脑比人更容易出差错……

阿辉夹着尾巴做了几个月，实在受不了这样的工作氛围，想了很久，最终还是决定辞职了。

阿辉去这个公司转了一圈，证明了那公司果真就像同学和朋友们说的，真是去不得的，不过，阿辉却为此付出了几个月的时间代价。这一次，阿辉是被迫辞职，根本没有有意向的下家。

这次辞职出来，阿辉觉得轻松不少。趁着这个机会，他给自己放了一个大假，准备好好休整休整，以利再战。阿辉听说以前的同学中也有不少人遇到跟阿辉差不多的问题，也都在困惑着：到底是找一份

第一章 盲目跳槽，不做规划也疯狂

工作凑合着，还是再给自己一次选择的机会？对此，大家都有不同的理解。有的喜欢稳定，有的崇尚跳并快乐着，大家也常常交流这个话题，每个人都有自己不同的情况，拿主意还是要靠自己。

在家休息了半个月，阿辉也在思考这个问题。毕竟已经不是刚刚接触社会的新人了，闲在家里是有一定压力的。这段空余时间，阿辉想明白了，很多时候不是别人来适应自己，而应该是自己主动去适应别人、适应身边的大环境。

在一次面试的时候，阿辉跟主考官也谈到了这个话题，他们聊得很投机。阿辉把自己这两次工作经历都说给主考官听了，也请他帮自己分析了自身的问题。阿辉觉得，坦白并不意味着自曝家丑，而是以一种向前看的心态去面对以后的工作和生活。面试完毕，主考官认可了阿辉，阿辉也顺利地在这家公司谋到了一个职位。

跟以前的两家知名大公司相比，阿辉现在所在的是一家民营小公司，而且是新成立的，前景如何还是一个未知数。但是，换了心态的阿辉觉得这也是一个好平台。

阿辉认识到以前自己的急功近利，常常把眼光放在别人身上而不去审视自己，希望找个好公司，搭乘这个顺风车达到自己的目标。而这次，阿辉觉得，他将和公司一同成长，这使他比之前更有主人翁意识和工作积极性，这是以前的知名大公司所不能给予他的。还有一点不得不说，大公司的就职经历能给他脸上贴金，这也是他和许多求职者一直在乎的，某种程度上说也是一种思想包袱，丢开了这个包袱，反而可以轻松上阵了。

现在，阿辉利用业余时间在外面充电，自考本科英语专业，为以后做准备。总之，经历了这两段求职过程，阿辉觉得工作是自己选择的，合不合适只有自己知道。在工作上有困惑有疑问的朋友们，大家也可以踊跃发表自己的见解。一句话，愉快工作、愉快生活最重要。

点评与建议

跟很多同龄人的"闪跳"相比,阿辉自认为在这个问题上还是比较理性的,但是,在职业稳定性和快乐工作之间,他还是充满了疑惑,也因此有了两次"跳"的经历。但"跳"了两次,阿辉快乐吗?其实,在自己的心态转变之前,虽然跳了,但没有想象中来得快乐。可见在跳槽过程中,尤其是盲目地跳槽更容易让人的心头缠绕各种迷惑。

曾经,"快乐足球"的说法让运动员和球迷都轻松不少。不过,把辛苦的运动当作快乐的事业来享受,只是一种战略。快乐工作,也是一样。快乐工作和快乐生活不同,工作是长时间的,是要有责任的,它和兴趣不同,必须有一定的忠诚度和适应性,如果以"快乐工作"作为借口,稍有不顺便一跳了之,那是一种轻率,可能还会和快乐的目标背道而驰。

快乐工作是一种目标,其过程免不了艰辛,这一点,像阿辉一样的年轻人要有心理准备。在进入职场时,应该多花一点时间磨练自己。当然,如果工作的确不适合自己,那么跳槽也是一种选择。

盲目跳槽，损害了自身权益

劳动者"跳槽"是一个正常而普遍的现象。然而，一些劳动者因为对"跳槽"行为没有周全的考虑，没有顾忌到可能发生的法律后果，盲目地进行跳槽，最终不仅没有得到本该得到的利益，反而给自己带来了损害。下面这三个跳槽例子，从不同侧面和不同程度上，说明了作为职场人因盲目跳槽带来的损失。

去年9月1日，小A与一家公司签订了一份为期两年的劳动合同。今年1月10日，因小A与公司部门主管发生口角，而公司领导并未主持公道，加之好友早已力邀其去广州一家大型企业发展，小A一气之下当即向公司递交了辞职报告并立马走人。不料，一个月后，小A收到法院寄来的公司的起诉状副本，要求其赔偿因未办理离职交接手续，导致公司经营资料缺失，造成的经济损失共计人民币2.6万元。

小B是一家公司的高级业务主管。去年10月，其与公司签订的为期三年的劳动合同中约定，小B在解除或终止合同后的两年内，不得到与公司有竞争关系的用人单位就业。否则，需支付5万元违约金。此后，小B因在公司并不得志，而公司的一家竞争对手却向其抛出了"橄榄枝"，遂于三个月后跳槽了。小B觉得自己没带走公司的任何客户与资料，公司不能把自己怎么着。

小C是一家公司的高级技术人员，属全日制用工。由于小C感到公司对自己并非很信任，工作中又感觉压抑，遂想到了跳槽。为了稳妥起见，小C采取了"骑马找马"的办法：悄悄找好单位，再跟公司摊牌。今年2月12日，小C与一家企业签订劳动合同后，即向公司递交了辞呈，并要求支付经济补偿金。公司得知真相后，不仅拒绝支付，还要求其赔偿所在生产线连续三天被迫停工的损失，共计人民币1.6万元。

点评与建议

小A误认为交了辞职报告便一了百了，可是没有料到法院支持了公司的诉讼请求。《劳动合同法》第37条和第50条第2款分别规定："劳动者提前三十日以书面形式通知用人单位，可以解除劳动合同。""劳动者应当按照双方约定，办理工作交接。"即劳动者辞职，必须具备三个条件，即：提前三十日；以书面形式通知；办理好原工作的交接事宜。可小A却既未提前三十日，也未办理工作交接，已违反了自身义务。而《劳动合同法》第90条已规定：劳动者违反本法规定解除劳动合同，给用人单位造成损失的，应当承担赔偿责任。

小B对法院的判决结果大感意外。法院依据合同约定，判决其向公司支付5万元违约金。根据法律规定，对负有保密义务的劳动者，用人单位可以在劳动合同或者保密协议中与劳动者约定竞业限制条款。故小B与公司关于期限内不得到与公司有竞争关系的用人单位就业之约定合法有效。此后，小B虽可以"跳槽"，但必须以不违反该规定为前提。依据《劳动合同法》第23条："劳动者违反竞业限制约定的，应当按照约定向用人单位支付违约金。"

小C的案例，法院采纳了公司的请求。根据法律规定，全日制用工的劳动者只能与一个用人单位存在劳动关系，而不得存在双重或多重劳动关系。小C尚未与公司解除劳动合同，即和另一企业签订劳动合同，意味着同时存在双重劳动关系。就此行为，《违反〈劳动法〉有关劳动合同规定的赔偿办法》第6条规定："用人单位招用尚未解除劳动合同的劳动者，对原用人单位造成经济损失的，除该劳动者承担直接赔偿责任外，该用人单位应当承担连带赔偿责任。"

盲目转行跳槽，不做利弊权衡

转行时，原来的工作与新的工作之间有一个跨度很大的鸿沟，这个鸿沟有的人可以跨越，有的人不能跨越，需要职业顾问很好地把关，合理定位。

小胡学的是精密仪器与光电子应用电子技术，毕业后，工作不顺利，与一个国有企业签约，但是不太满意，想转行又不知道做什么好。来做职业规划，通过测评，发现她乐于与人沟通，喜欢迎接新的挑战。具有积极向上的生活态度，性格开朗，诚实豁达，吃苦耐劳，具有开拓精神和较强的责任心，注重团队合作精神和集体观念。有较强的学习能力和独立的工作能力。

但是，转行还是时机尚不成熟，因为她还不具备其他方面的工作技能和专业知识。如果偏离自己的专业，那就是个高中生。于是帮她找到的切入点是在行内发展，电子产品在现代市民群体中的普及程度越来越高，尤其是在经济发达城市，如上海、北京、广州等地，年轻人爱不释手的DV，家庭旅游出行的必备武器数码相机（DC）等产品，以异常活跃的姿态在国内电子产品市场上"叱咤风云"。如果在这个行业上发展，则有利于做出成绩，于是建议她利用业余时间，学习营销知识，了解电子仪器、ERP的销售渠道和经营方法，争取把自己的资源都利用上去拼个不错的职位。

点评与建议

转行跳槽，需要多加思考，权衡利弊。草率行事或被动将就，都是注定要失败的。转行做出决定前，必须有充分的把握，备好粮草和水，不要看到沙漠上有一片绿洲，就慌忙奔它而去，岂不知，如果自己不是个骆驼，就会困死在荒漠。转行，在没有必胜的把握之前，最好是先准备、充电，待时机成熟，一举成功！

转行之前要对以下事宜三思而后行：

一是转行绝不同于跳槽，跳槽可以为新企业在短时间内创造价值，而转行的人往往需要一段的适应期，原有领域走得越远的人，转做他行的难度也就越大。所以，你要问自己：转行可行不可行？什么时候转行？适合转到什么行业？

二是为了避免盲目转行，要先想清楚自己的职业目标，做好个人的职业发展规划，并确定转行确实有利于个人职业目标的达成。需要自我论证和分析目前在现在单位的发展究竟有多少机会和空间。首先要挖掘自己的职业气质、职业兴趣、职业能力结构等方面的因素，找到自己的职业潜力集中在哪个领域，在哪个行业能把自己的优势资源全部用上，如何找准方向才能最大限度地开发和发掘自己的潜力。三思一下，自己的职业含金量是什么？就个人综合素质而言，你的优势主要体现在哪里？弱势在哪里？转行有没有"敲门砖"？诸多转行问题如何解决？你原来的工作经验和客户还能否用上？是全部清零还是有可用部分？"目标行业"与自己隔行如隔山，如何跨越鸿沟去与新行业匹配？

三是规划转行之前，提前了解清楚将要进入的行业，认真思考这个行业到底是不是比较适合自己生存的行业，有没有决心坚持及有没有信心去培养对这个行业的兴趣。把你现在的行业与目标行业进行反复认真对比，如果决定要转行的话，要了解清楚目标行业目前的市场定位和在未来的五至十年之内的发展前景。所以要三思，转行是利多还是弊多？转行后，则需要从基础开始学起，参加学历教育、认证培训，你的经济条件和精力是否能承担得起？

四是转行后，自己的发展平台可能要下降一个台阶，甚至一切从零开始，带来的新压力：业务从头开始，经验一片空白，人际关系重新开始相处。转行后需要韬光养晦、卧薪尝胆，如果缺少耐心、没有放平心态就会像许多转行者一样半途而废。所以要三思：如果转行之后"水土不服"怎么办？如果转行后，自己将与比自己年龄小很多的师弟师妹竞争，能否心态平和地接受？当一切并不如原来想的那么好，如何面对新的尴尬？自己有急流勇进的勇气和实力吗？

总之，转行跳槽，属于在职业发展的进程中，被迫无奈的选择，是一次属于高难度、高风险、高技巧的动作，需要艰苦的条件和成熟的积累过程，也需要冷静三思。

盲目跳槽，没有职业预算

跳槽需要周期，它就像一个工程项目，需要从前期包括估算风险在内的准备工作，到锁定适合目标，然后建立信息分析系统，选择合理实施方法等主流程上进行科学分析和评价，最后拿到满意的录用通知书，实现个人职业价值最大化。没有对职场的分析，没有对职位信息的辨别，没有准确的适合个人发展阶段的职位目标，将无法对个人的跳槽周期进行预估，这些对机会的选择和跳槽目标的实现具有十分重要的意义。

柳江在广州一家大型企业搞人事管理，因有相关资质的证书和经验，上司很器重她，最近还听说自己有被提升为人事经理的可能。自己当年是不知不觉走进人力资源管理领域的，虽然没有感觉厌倦，但也感觉不到激情，凭着资历就这样做到退休都有可能。怎么样才能恢复工作动力是一年多来一直困扰柳江的问题。柳江的一个朋友最近来找她，特聘她去自己的公司任人事总监，并应允酬金比柳江现在的上浮50%。朋友的热心让她也有点心动，然而朋友的公司规模不大，其实人力总监的工作和现在的人事经理没什么质的区别，但是朋友公司的运营模式和现在的公司完全不同，可能会有新的锻炼机会，而且薪酬还不错。但是柳江根本无法确定这样的跳槽对她的发展有没有实际意义，现阶段到底该不该跳槽，这些问题让柳江困惑不已。

点评与建议

类似柳江的例子并不少见。从职业发展周期的角度看，柳江的抉择取决于以下因素：首先，要明确是否在人力资源管理专业领域具有持续发展的潜力，其次，要客观评估目前自己在该领域所拥有的能力属于怎样的市场层级，继续向上发展需要继续积累哪些方面的专业经验，所缺部分正是自己在下一步工作中需要获得的，因此，是大公司还是小公司并不重要，重要的是该企业能否给你带来下个阶段你必须积累的工作经验。即该岗位职责要求如何，有没有足够的资源让你学习，这才是跳槽成功与否的关键，以自己职业发展为圆心正确评估目前企业或跳槽目标企业是否能满足阶段性专业经验扩展和积累的需要是能否赢得未来的关键。因此柳江一定要搞清楚自己目前所处的职业阶段和规划好自己的职业生涯跳槽周期。

跳槽对职场人的职业发展而言是一把双刃剑。过于频繁地更换单位或工作，可能会不利于专业经验和技能的积累。但是在一些情况下，跳槽却是激发职业发展潜力的良好机会。问题的关键在于如何科学地评判跳槽带来的风险，结合职场周期利用个人职业周期才是成功的关键。

"盲目跳槽"不如"在位跳高"

尽管在职场中跳槽很正常，但如果是频繁、盲目地跳槽，那就会越跳越糟，尤其是对大学毕业生来说，频繁跳槽的结果是光在那里适应新环境了，该学的一点都没学到，最多也就学了点皮毛。于是，时间浪费掉了，能力却一点没有增长。

与其这样，还不如就在现有的岗位上"跳高"：沉下心来，把该学的都学会了。随着自己能力的不断提高，更大的发展也就摆在面前了。

安宁在一家电脑公司工作，刚开始做的是库房管理员，负责搬卸货物，清点库房。因为工作枯燥，不到半个月，他就坚持不下去了，想要离开。

经理看他比较机灵，于是执意挽留他，并对他说了这样一番话："职场就好比是高楼，大家按照工作能力由低到高的顺序，分别站在不同的楼层里。而职场里的人分为人力，人手，人才，人物。所谓人力，只需要你在工作中肯卖力气就足够了；而人手，则需要你熟悉掌握工作，能应付突发事件；人才则需要你头脑灵活，能够在工作中提出创造性的方案；而人物就需要八面玲珑，用自己特有的方式为公司作出比较大的贡献。"

看安宁听得很认真，经理又说道："年轻人，你在职场第几层？每个公司就是一座大厦，你如果只是不停地在各个大厦之间穿梭，而不是努力提高自己的本领，那你永远都只能在最下面的一层。"

这番话对安宁来说犹如当头棒喝。从那以后，安宁就像变了个人似的，开始努力工作。

每天卸完货，安宁不再像以前那样有时间就在屋里看手机小说，而是在库房仔细清点产品，把各种产品的型号、数量、出货量、入货量都牢牢记在心里。

这样一来，由于对库房的产品非常熟悉，取货时间大大节省。来库房取货的工人们都对安宁的办事效率赞不绝口。

很快，安宁的表现就传到了经理耳朵里，不久，他就将安宁调到办公室里，专门负责管理公司产品的保管和运输。这样一来，安宁就从最初的"人力"变为了"人手"。

到了办公室之后，安宁比以往更努力地工作。慢慢的，他发现公司业务量比较大，经常有客户自己来公司找保修人员维修电脑，有时几个客户一起过来，人手往往不够。于是，他下决心自学有关电脑维修知识，并且利用休息时间帮着保修部门的同事修理电脑。

时间一长，安宁不仅成了保修部门最受欢迎的人，而且自己也练就了过硬的维修电脑的本领。

没人要求安宁去维修，也没人要求安宁去学习维修知识，但安宁却主动做了，而且做得很出色，正因为一般人做不到而他做到了，他自然就成为"人才"。

后来，一个偶然的机会，安宁发现研究生对笔记本电脑的需求比较大，于是向经理建议挖掘这个市场，并且做出了不俗的成绩。

公司的高层意识到安宁是个人才，于是便将他调去做市场开发。在短短一年的时间里，安宁就成了公司里的销售明星，让大家佩服不已的人物。

不久之后，经理被任命为集团的副总，安宁也被他推荐到了副经理的位置。就这样，安宁很快就从最初最不起眼的库房管理员，变成了公司不可或缺的"人物"。

点评与建议

安宁的经历对许多身在职场的人来说都很有借鉴意义,谁都希望自己是"人物",但这并不是想要就能有的,必须有一个过程,刚开始时,没能力、没经验、没资历,从第一个层次也就是"人力"做起是很正常的。起点低并不可怕,关键是如何迅速提升,尽快缩短从"人力"到"人手",从"人才"到"人物"的过程。

故事的主人公为我们提供了一个很好的"岗位跳高"的范例,如果不愿意在职场最底层待着,那么唯一的办法就是不断学习和提升自己的能力。如果你确定不是很适应目前的工作,不妨和领导沟通,让领导明白你的专长和经验更能够在哪一类型的工作中发挥所长,看领导是否能让你在内部跳槽,找一个更适合你的工作岗位。当你的贡献越大的时候,职场最高层的位置才有可能真正属于你。

第一章 盲目跳槽,不做规划也疯狂

盲目委曲求全，埋下跳槽伏笔

大学生毕业放低找工作的标准是件好事，它可以解决大学生找工作眼高手低的矛盾，开始时没有挑挑拣拣和高不成低不就，本来没什么错误。但是，把自己的不满压抑下来，违心地同意私企的全部条件，这将给以后的跳槽埋下伏笔。

小张是一个刚毕业的女大学生，她也像其他同学一样，在找工作的路上奔波，历经几次失败以后，一家私营企业同意要她，但是不跟她签合同，不上保险。小张知道找工作的不易，也就没再挑拣，一口答应了全部条件。干了几个月，小张又和同学联系，同学有的待遇好，有的在大企业，小张以前是很愿意跟同学谈论自己的，可现在，小张感到自惭形秽。她尽量不去想这件事，就当什么都不知道一样，可是回家后总是莫名其妙地跟家里人吵架。

一次，公司老板找到小张谈一件工作，可能态度有点生硬，小张回家后一个人闷在屋里哭了好长时间。那之后，小张在工作中有意无意地懈怠，自己都不知道是怎么回事，回家也不再吵架，而是一个人闷闷地听音乐。老板几次找她谈，她答应着，回头还是那样。于是老板开始不再重用她，没事的时候就不再给她分配工作，待遇自然也下降。小张感到受了排挤，一气之下辞了工作，又踏上了重新找工作的历程。

算起来，这次工作历时一年。小张感到失落，还有气愤，带着这种情绪去找工作，不是人家不愿意要，就是小张自己不愿意去。最后终于在一家商场找到一份工作，小张干了半年，由于一些问题没处理好，又辞了。小张又加入了找工作的行列。小张感到很困惑：为什么跳槽总如水底捞月一样，工作为什么总是可望而不可即呢？

点评与建议

从心底认识到不能眼高手低，与小张的做法是不同的。若是从心底认识到应该放低工作标准，也就能接受现实，踏踏实实在工作中干下去。有的朋友可能认为，若是像小张那样，委曲求全，也能进入公司，以后好好干就行了，压抑自己的需求没什么不好。可是实际上，压抑自己的需求导致小张在以后的工作中被动攻击。被动攻击就是以被动的方式来攻击别人，小张先是觉得别的同学工作条件比自己好，自惭形秽，后来又不积极工作，最后辞职。她没有找老板要求签合同，也没有攻击老板，而是通过一系列的"不作为"，事实上攻击了这家企业，跳槽作为最后的攻击手段而被使用，也使小张受伤不小。

像小张这样，在工作中压抑了大量的情绪，平时这些情绪得不到表达，被积攒下来，最终以跳槽形式来发泄。若是他们平时能维护自己的权益，能表达自己的正当需要，就不用以这样壮烈的方式来表示抗议了。

小张还使用了压抑的防御机制，"尽量不去想这件事，就当什么都不知道一样，可是回家后总是莫名其妙地跟家里人吵架"，不仅不容许自己争取正当权益，连想一想都不容许！试问，当什么都不想知道，就真的什么都不知道吗？掩耳盗铃，铃铛真的不会响吗？小张即使当什么都不知道一样，回家后还是免不了跟家人吵架。情绪积攒到一定量，总要找地方发泄，于是，小张的家人成了出气筒。可小张还没意识到是怎么回事呢！可见她压抑得多么深！

小张的压抑，在找工作时就有所表现，最后她在沉默中爆发了她辞职，跳槽，以抛弃老板的形式作为一种释放。

老板找小张谈话，本身表明老板看出了小张的情绪。若是小张能和老板做一次真诚的沟通，表达自己的需要和想法，老板未必会不同意。可小张还是一副消极对待的样子，跟老板消极怠工，破罐破摔。小张当时会不会有这样一种想法："你不是不喜欢我吗？那好，你别给我活干，你把我撵走好了！这下，合你的意了吧！"小张希望老板这样，其实是她自己希望老板把她撵走，希望离开这个公司。她把自己的需要投射出去，认为是老板这么想，而这样她自己就不用承担离开公司的罪责了。这里有一句潜台词：是你不要我，不是我要走！这样把罪责推脱开去，表面上自己占了理，实际上还是免不了跳槽的结果。小张在跳槽前还有过一些抑郁的情绪，比如一个人闷闷地听音乐，后来经过朝老板这么一投射，抑郁就变成了愤怒的情绪，"小张感到受了排挤，一气之下辞了工作"。她的愤怒终于爆发了，这也就是她离开老板之时。

小张辞职，重新找工作，本来是想重新开始，希望新的工作会给自己一个全新的面貌。可是她不知道，如果心理问题没有解决，她以后还得重蹈覆辙，也就是：仓促接受、压抑、投射、愤怒，感到别人对自己不公平、愤而辞职。虽然形式会有所变化，但她基本的心理活动规律还是没有变。想通过换个环境来解决自己的问题是不太可能的。于是小张屡屡跳槽，又屡屡离开，渴望工作的她总是找不到满意的工作。这可就要怪她自己了。

水底捞月的感觉，是因为小张不敢去面对真实的世界，不敢去面对自己真实的感情和真实的自我。她还是活在理想化的世界里，一旦进入现实世界，就显示出脆弱性。女性在许多方面虽然是社会的弱者，但女性同样要有自己的声音，自己的感受。这不仅是一个心理问题，而且是一个社会问题。像小张，就不仅是社会的弱者，而且还固守着自己的脆弱，甚至享受自己的脆弱。比如她不高兴了会闷闷地听音乐，而不去做实际的行动。听音乐挺好，但若是只听音乐就有问题了，不是吗？在一个理想的世界里遨游，代替不了去面对实际社会中的矛盾。这一点，小张恐怕是不懂的。

小张辞职后，带着一种情绪去找工作，极容易把上一份工作带给她的不良情绪再带给招聘人员。况且招聘人员还要问，你为什么从前一份工作里辞职呀？这一点也是小张不好回答的。按小张的性格，又不太可能勇敢地回答这样的问题，搪塞过去，招聘人员也能看出来。若是小张能调整好状态，勇敢地说实话，并表明这次找工作的诚意，再次找到工作并不是不可能的。但这需要小张能走出过去的自己。小张终于在一家商场找到工作，表明小张还是有进步的，但又是同样的问题没处理好，导致又一次辞职。小张以后若不经成长，可能还会一次次跳槽，一次次离开，成为"公司的杀手"。

小张有一种倾向，就是要不断地寻求抛弃与被抛弃。不是公司抛弃她，就是她抛弃了公司。这样的性格，是在她以前的生活中长时间形成的。同时。她还自恋与封闭。你看她，以前在学校里，跟别人谈话喜欢谈自己，后来在工作中也有自己的一个理想化的世界，她的世界的中心就是自己，在她的潜意识里，她是希望别人都能围着她，为她服务，一旦不是这样，她就受不了。她内心很希望别人承认她自己，但她的做法又使这个希望破灭。于是她陷入了矛盾。

专家给对小张的建议是：敢于表达自己的需要和感受，主动和老板交流；允许自己想，也允许自己做；不要把自己的需要投射到别人身上；不要想通过换环境的办法解决自己的心理问题；敢于活得真实，敢于面对现实；跳槽重新找工作时，调整好自己的心态，处理好过去的遗留问题。

职场专家给盲目跳槽者的忠告

"跳槽"在当今职场中已是司空见惯的事，如今的年轻人，谁都会有两至三次跳槽的经历。曾经有一名20多岁的年轻人，走进了心理门诊，他告诉心理医生，由于公司岗位调整，加之自己又渴望更好的工作，便下决心跳槽，现在已经换了三家单位，但仍然不满意目前的工作，想继续换工作。类似这位年轻人的例子很多，有的人甚至两三年换了六七家单位。现实生活中，明明工作合适甚至让常人都非常羡慕，却偏偏拼命跳槽的大有人在，这些人往往是心理出了偏差。

跳槽的人心理一般可以分为理性和非理性两类。所谓理性跳槽，是指具有明确的自我奋斗个人定位，并且做好了迎接挑战的准备和心理适应能力。这类人一旦找到属于自己追求的事业，就会以其高度的职业责任感投入从事的岗位中。应该说，这些人是跳槽一族中最具理性的。

所谓非理性跳槽，是指跳槽的人在没有设计好该找什么样的职业、怎样的职业才适合自己时就一味跳槽，有的竟抱着"此处不留爷自有留爷处"的心理去跳槽。跳槽被其理解得相当随意和潇洒。频繁跳槽的人在不知不觉中养成了一种习惯，工作中遇到挫折就想跳槽；与上司和同事关系紧张也想跳槽；看见好工作、好的薪金待遇想跳槽；有时甚至工作一段时间就莫名其妙想跳槽，总觉得下一个工作才是最好的、才最能发挥自己的才智，似乎一切问题都可以通过跳槽来解决。

心理学家认为，跳槽是一种有利有弊的行为，盲目跳槽容易引起情绪障碍。跳槽成了人们不正常的心理反应，这类人的心老是不会安定下来，即使有很好的在职岗位，但只要看到他人的月薪和职业比自己好，就会抑制不住急于去换岗。最终这类人终日生活在焦虑、抑郁之中。

对于跳槽者来说，新的工作平台可能好，可是，主观和客观之间还是有距离的。如果换了新的工作并不能如愿以偿的话，负面情绪容易累积，开始自责、后悔、否定自己，甚至出现抑郁的倾向。例如：容易失眠，无缘无故感到疲乏，感觉安静不下来，对未来不抱有希望，比平常容易激动，觉得自己是个无用的人，感到生活没有意义，等等。

盲目跳槽使人越来越孤僻，不爱与人交往。一次次的跳槽失败导致当事者产生强烈的挫折感。慢慢的，这些人不再勇敢地面对现实，去积极主动地克服困难，而是在一些冠冕堂皇的理由下回避、退缩，这些理由无非就是专业不对口、领导不重视、时运不济、怀才不遇、别人不理解，等等。

盲目跳槽还使人丧失了成就事业最宝贵的敬业与团队精神，心理浮躁，凡事浅尝辄止，遇难而退，这山望着那山高，空有远大理想，无心执著追求，好像换一个行业就能马上出成果一样，结果什么都没干好。这样跳来跳去，结果一事无成。太过频繁的跳槽也容易使人缺乏对事业的成就感和对生活的幸福感，从而做事马虎、不负责任，不利于其敬业精神的培养。而且，这也会影响其个人形象。

职场专家给盲目跳槽的人提出以下忠告：

第一，注重积累与沉淀。

许多有杰出成就的人都离不开积累，人生的知识、财富都需要积累。人生的体验需要积累与沉淀，频繁跳槽不利于对经验的积累。

第二，对热门行业的追逐应慎重。

不少人择业时易受社会舆论的支配，追求热门，盲目从众，而不考虑自身条件及职业特点，结果是在激烈的竞争中败北，或者在其位难尽其职，既影响工作，又压抑自己。

第三，评估新的工作，要对职业进行规划。

跳槽要看清大趋势，不要短视，避免盲目追求高薪。先从宏观上仔细分析一下你将要从事的行业的发展前景及方向，再分析将要加入的公司文化氛围，看是否与自己的条件相吻合。

第四，正确地评价自己。

对自己的性格、能力、专业技能、忠诚度等进行客观的评估：明确我是谁，审视自己的能力和定位；知道想从跳槽中获得什么。有了清晰的目的，选择最接近你职业目标的道路，跳槽才有意义；你为什么要跳？眼下的状况非跳不可吗；何时跳？一定要选准时机，在原公司有了过硬经验和较大成绩时跳，可以为你在新老板那里加分；你要跳向哪里？多了解目标公司的发展状况和目标行业的前景是有益无害的，从而为迎接新工作做好心理准备。

第五，设计"超越"的理想目标。

跳槽的目标是越跳越高，高的不仅仅是薪水和职位，更重要的是，使你的职业生涯步入高阶。每一次"跳"，都应该是对自己职业和发展目标的重新设定。

第二章
跟风跳槽，随波逐流也疯狂

一同进公司的同事跳向更高枝头了，曾经同甘共苦的战友跳向了另一战壕，昔日的同学也换了三四份工作，而自己还在原单位待着，这时候的心，哪能安定下来？于是，也一头扎进跳槽大军的洪流。结果没折腾几下，就开始怀念以前的日子，原来可恶的领导也变得和蔼可亲。但是想回头已无路可走。职业生涯有着不可逆性，盲目从众要不得，回头路不是那么好走。当发现"误入歧途"时，唯有快速地重新找准自己的方向，努力向前，才能驶向职业的成功彼岸。

跟风跳槽，换环境却成了内耗

在年底跳槽高峰，仿佛好职位的发布都集中于那几个好日子，于是千军万马都冲着彼岸而去。你跳槽、我跳槽地跳到了彼岸，好比赶在黄金周去踩旅游点，被挤得心里极其郁闷，回家面对亲友亦要装得收获颇丰。年底跳槽者的尴尬，大都如此。

为什么众人跳槽一窝蜂呢？跳槽者们各有各的原因，也各有各的教训。

艾丽毕业后一直在"四大"之一的某事务所做审计，两年多来，一轮又一轮的销售旺季让她备感倦怠，每每在半夜两三点回家，"这样的日子何时是尽头"的想法就会在她脑海盘旋。当年因为前途和"钱"途，她选择了众人艳羡的"四大"，事实也在晋升和收入方面证明了理性选择的正确性。可艾丽就是"身在福中不知福"，好比穿着形色俱佳的一双名牌鞋，怎么走都觉得不合脚。于是在2006年年底合同到期时，她并没有续约，而是趁着年底跳槽的大潮，进入某事业单位，担任总经理助理，年底协议，节后上班。

艾丽原以为换了单位每天朝九晚五够清闲，可没想到自从3月1日报到起，艾丽惨到每天靠MSN和QQ打发时间。没有领导给她安排工作，也没有同事和她说话，占着座位不干活的八小时，度秒如年……

直到几个月后，艾丽才逐渐摸到门道：每年的公历年底到春节期间，是单位年度"阶级斗争"时间。当时她应聘做助理的那位总经理，已在斗争中被架空，正处于无权无势无项目的隔离状态，所以主子没活，助理也没活。而且艾丽已在公司内被划入黑名单，饱受拿钱不干活的诟病，咸鱼能否翻身，全看那位主子能否东山再起了。

点评与建议

年底，由于入职时限、企业惯性、或新法即将实施，很多人都会面临续约的情况，于是一个所谓的跳槽时机就此诞生。细究一下，其实两者没有必然联系。就算不是合同到期，也不是被迫下岗，很多人照样还会跳槽，所以说必然是有内因，借助外因爆发出来的，年底只是导火索而已。

对艾丽而言，本身对审计工作不感兴趣，三年来的疲惫、积怨、枯燥到了一个情绪上的点。而"四大"的环境、晋升、加薪都比较接近完美，离开的唯一理由，就是与自己的价值观不符。在这点上，艾丽是没错的，不合脚的鞋子早晚得蹬掉。但问题出在，她蹬掉高跟鞋之后，自己需要哪种类型的鞋——质地、款式、尺寸，一问三不知。随便找了双布鞋，就一定舒服吗？虽然当年专业学的是社科，但对总经理助理的岗位，艾丽可谓是毫无技术含量的。与之前的专业相比，她的核心竞争力完全丧失。

"四大"的环境好比是学风良好的名校，同龄人较多，沟通无障碍，即便竞争不可避免，但大都是良性的。而一出校门就在此类环境中成长，就会像艾丽这样对社会环境的复杂险恶预判不足，偏偏目标单位所处的阶段又是最黑最烂的泥沼，跳槽失败的最大症结，就在于自己在不知情的情况下就站错了队。这种情况之所以发生，与其归结为内斗的牺牲品，还不如说，自己在进入新环境之前，就从没去注意过。

第二章　跟风跳槽，随波逐流也疯狂

跟风跳槽，却总也跳不高

跟风跳槽，人云亦云，不能正确看待自己，不能面对职场行情，这山望着那山高，这是导致许多毕业生陷入择业误区的一种心理障碍。跟风是一种依赖心理，在求职择业中具体表现为依赖大多数的从众心理。自己缺乏独立的见解，不是从自己的实际情况作出切合实际的选择，而是人云亦云，见别人都往大城市、大机关挤，自己也跟着凑热闹，这种心态也是与激烈竞争的社会现实格格不入的。

跟风辞职是职场大忌，但是如果一家公司员工频繁流动，几乎没有什么稳定的老员工，就算有也是少得可怜，那么就得评估下自己在这家公司的发展问题了。

阿奇大学毕业到现在已有五年了，目前的这份工作是第三份工作了。第一份工作是做文案策划，因为本身学的就是广告专业，所以找了对口工作。但是，做了一年，阿奇觉得自己不喜欢这个工作，所以就辞职了。

此后，阿奇辗转应聘到一家网络公司做项目执行，也做了三年，因为工作太累太忙，薪资却一直上不去，所以又换到目前的单位做了商务主管的位置，到现在刚过一年。但是公司同事来来去去地换了好几批了，和自己要好的同事也一个个辞职了，自己都没什么心情工作了，不知道是不是自己也该走了。

阿奇本来就做得不太开心，和其他已经走了的同事一样也很想逃离这里，但是毕业到现在换了几个工作了，有点累了，不想再盲目地换了，不知道自己的定位在哪里！

点评与建议

一个人的工作效率容易受到个人情绪的影响。当辞职跳槽的念头一直左右着阿奇的思绪时，日常工作肯定会受到影响，而没有下定决心走，外面的一些好机会也容易错过。身在曹营心在汉，最终很可能槽没跳成，还影响了干事业的精力。这就是当断不断，反受其乱。所以，不管走还是留，一开始就必须有个肯定答案。

阿奇因为本身工作做得不是很愉快，虽然是在商务主管的职位上，但是做的都是基础的市场拓展和销售的工作，在"前线冲锋"做得很累，自己也不喜欢。加上公司管理混乱，员工流动量大，公司至今已经成立七八年了，但除了老板和股东，就没有什么老员工，阿奇对单位发展前景不是很乐观。工作做得不开心又没有什么发展，根本的矛盾本身就是存在的，身边的同事一个个走了，最终就变成了"导火线"。

跳槽是一门学问，也是一种策略。"人往高处走"，这固然没有错，但是如果"跳错槽"就得不偿失了。阿奇其实是要走的，只是一直以来没有一个系统的职业规划，对于下一步的走向很迷茫，害怕重蹈覆辙，甚至比以前更糟糕，所以想走又不敢走。职业顾问建议她可以先不辞职，但是必须要确定自己准确的职业方向和目标，骑驴找马，等到有合适的机会在手里就可以无惊无险地进行转换，降低最大的风险。

阿奇的情况是该走，只是需要找准方向再走，但是这个不是标准答案，个人情况不同最后的结果也是不同的。

一般衡量自己是否该辞职该跳槽，可以从两方面去判断：

一是从自身角度出发，目前的工作是否做得愉快？是否能发挥自己的特长能力？薪资是否吻合自己身价？公司理念文化是否吻合自己的价值观和职业气质？内部人际关系是否阻碍了自己的发展？自己是

第二章 跟风跳槽，随波逐流也疯狂

否有资本谋取更好的机会?

二是评估单位发展前景,员工的快速流动是否是行业内正常现象?对单位发展有没有影响?同事频繁离职是同事本身问题,还是真的单位内部问题?自己在这个平台是否还有发展空间?

有不少刚毕业的新人自恃能力高,总觉得现在的工作太屈才,刚踏进单位就计划着跳槽。结果跳来跳去,还是原来的山头最高。这个时候就需要保持良好的心态,懂得自己平衡心理。良好的心理状态是至关重要的,抱有一颗平常心,不要一窝蜂去扎堆,要选择与自己匹配的职位,职业的选择往往也是对机遇的一种把握,错过机遇,你将会与成功失之交臂。

一个充满热情的人是很受人欢迎的,他的活力和热情是很容易感染别人的,同时这样的人也是老板所喜欢的类型。你应从上班第一天开始,锻炼自己各方面的能力,取长补短,为下一份工作积极做好准备。要保持谦虚的心态:虚心、耐心、热心、诚心,这是职场新人必须具备的基本素质。培养扎扎实实的工作作风、敬业精神,企业就会欣赏你,自然你的心态就会变得豁达开朗,也就不会再为付出的跳槽成本而感到压抑。

跳槽也存在着"蝴蝶效应"

蝴蝶效应是气象学家洛伦兹提出来的，说的是一只南美洲亚马孙河流域热带雨林中的蝴蝶，偶尔扇动几下翅膀，可能在两周后引起美国得克萨斯的一场龙卷风。其原因在于：蝴蝶翅膀的运动，导致其身边的空气系统发生变化，并引起微弱气流的产生，而微弱气流的产生又会引起它四周空气或其他系统产生相应的变化，由此引起连锁反应，最后发生不可预知的结果。

职场中其实也存在着"蝴蝶效应"，就比如跳槽，一次不适当的跳槽很可能引发后续整个职业生涯发展的颓败，产生"蝴蝶效应"。

王伦是一家汽车公司的经理，MBA，在公司颇受器重，前途一片光明。就在他事业蒸蒸日上的时候，他准备跳槽。因为，他觉得凭自己的能力，该有更好的发展。很快，王伦就得到了一家热门行业公司的青睐，开出的条件也比较诱人，王伦没有犹豫，很快便加盟了新公司。

到了新公司，"蜜月期"还没过完，王伦就陷入了困境：热门专业与自己的专长相距较远，原来以为没什么关系，现在才知道，并没有那么简单；老板对他这个高薪请来的人才期望很高，数次交给他"不可能完成的任务"，王伦很难完成；由于业绩不佳，下属也因为他没有像他们预期的那样出色而少了尊重⋯⋯

一段原本美好的"姻缘"很快便走向了末路。在一次较大的决策失误后，压力之下，王伦黯然离职。

点评与建议

职业生涯规划师认为，王伦因为一次不合适的跳槽，随后导致了后续一系列的问题。当初，他不了解新公司的环境，不清楚自己所擅长的就盲目跳槽，结果导致了入职后难以适应新环境和新工作；他误判了工作难度，结果应付不了老板的要求，但是他又碍于面子没有向老板说明，结果老板只是把更重的任务压在他的头上，最后直接导致了他在重大项目上出现大的失误，最后被迫离职。而这次的被迫离职势必对王伦今后的职业发展有很大的影响，严重影响阿伦的职业信心……而这一切的一切，起因只是因为当时的王伦做了一个不太恰当的跳槽决策！

这似乎正应了一句西方谚语：丢失一个钉子，坏了一只蹄铁；坏了一只蹄铁，折了一匹战马；折了一匹战马，伤了一位骑士；伤了一位骑士，输了一场战斗；输了一场战斗，亡了一个帝国。在职业生涯发展上，这就是典型的"蝴蝶效应"。

职业顾问认为，发生职场"蝴蝶效应"，往往有两种情况：一是面对热门行业的高薪诱惑，忽略了个人的专长和能力。你有没有这个能力拿这个高薪？你能不能适应这种工作状态？这些问题看似微小，很多人不去考虑，只想着能争取到这个职位。然而，小问题却能造成致命伤，就是职场"蝴蝶效应"的一种起源。

二是只看职位高低，忽视新公司的环境和文化。有些人只看跳槽后的职位高低，却不去考察新公司的环境和文化。由于事先不了解新公司的环境和文化，心里没底，贸然跳槽，最后很可能新公司的"生态环境"完全不利于他这种个性的人发展。这也是我们应该注意的可能产生蝴蝶效应的事件。

随大流跳槽，白领换工不顺心

每年的三四月份，被一些白领称为"跳槽季"，由于今年企业招聘需求高涨，一部分在三四月份忙着跳槽的白领并非经过深思熟虑和职业规划后做出决定，而是对职位和薪水增长的追求"永无止境"，或阶段性地厌倦工作，或随大流换工作。因为得不到预期结果，最近几周来，不少白领频发焦虑、抑郁、烦躁、失眠等"跳槽综合征"。

"都怪自己跳了槽，现在后悔都来不及。"这两天，29岁的小莉对自己一个多月前冲动决定的"跳槽"后悔不已，想回到老单位却已不可能。

小莉毕业后一直在一家外贸公司做业务员，随着对业务的日益精通，出色的业绩也被同行单位所看重。但最近身边几个好友纷纷选择跳槽，弄得她也心里痒痒的。

今年年初，另外一家外贸公司老总打电话给她，表示愿意用高薪邀请她加入他们单位。思虑再三后，小莉最终决定也像朋友们一样到新单位去闯一下。

但一个多月下来，她却发现新单位竞争很激烈，工作环境和发展前途并没有想象中的好，反而怀念之前被老单位领导"器重"的氛围，但已经回不去了。

后来，小莉开始辗转于各大招聘会现场，向自己青睐的公司投递电子简历。但她很快发现，找工作并不那么顺利，虽然面试过两三家公司，但她想去的单位没要她，要她的又及不上以前的公司。

这段时间里，小莉的心情非常不好，也影响了工作。她越来越焦虑、失眠、烦躁都找上门了，最后不得不到医院的心理门诊咨询求助。

点评与建议

像小莉这样的症状是典型的焦虑倾向，她的睡眠变得很浅，只要有一点小动静就会被惊醒，或者整晚做梦，影响第二天的精力恢复，导致白天注意力无法集中。

转行风险大，之前要做好充分的信息了解，跳槽之后没有后悔药吃，如果不满意，容易陷入懊恼、抑郁的情绪中。其实，跳槽过程中，涉及很多心理准备，最忌讳随大流而跳槽，辞职之前要分析目前的市场行情以及自己的目标是否能现实，问问自己：如果达不到我的预期目标，我是否能接受这样的结果？

东施效颦跟风跳，自找难堪被炒掉

不可否认，跳槽的确是人们改变现状，实现自我目标的一种手段，那么对于个人而言，我们应该如何正确地对待跳槽这个问题呢？事实上，跳得好，会对你大有帮助；跳不好，也可能造成终生遗憾。而那些跟风模仿别人的跳槽者，结局更是贻笑大方。作为员工，你的每次跳槽未必都能"马到成功"，也可能会遭遇沟坎而"马失前蹄"。

屠强是一个网络公司的部门经理，年轻而有才干，在他的带领下，部门业绩十分突出，给公司带来了很好的效益。屠强不仅才华横溢，在为人处世方面也做得非常好，深得公司同事的喜爱，大家都认为他前途无量。但出人意料的是，虽然他在公司干了很长时间，贡献作了不少，总经理却迟迟没有对他有任何表示，这让屠强很失望，于是他向总经理递交了辞职信。

人才是企业的财富，是企业发展的源动力，而骨干员工更是企业生存的重要依靠。总经理收到辞职信后，顿感情况不妙，于是将屠强叫来询问。

屠强直率地跟总经理说："第一，我觉得我没有得到公平的待遇，我的业绩是有目共睹的，我觉得凭我做的工作理应有更高的待遇，但是公司没有给我任何奖励，这让我内心感到很不平衡；第二，我看不到自己的发展前景，我在公司兢兢业业做了这么多年，但是对于我的发展前景，公司没有找我谈过一次话，也没有给我任何这方面的暗示，这让我感到失望。"他直言不讳地把加薪和升职的想法一口气跟总经理全讲清楚了。

总经理听后呵呵一笑，其实总经理是个深藏不露之人，底下员工的表现好坏他都了如指掌，他笑着说："看来你已经沉不住气了，不过也到时候了，好，我现在就答应你，你的工资下个月就给你加，你的职务也马上给你提。"在得到这样的肯定答复后，屠强心里一下子有底了，当即决定不走了，又重新开始踏踏实实地工作。

屠强"辞职逼官"的事情一下子在公司传开了，大家私底下议论纷纷：原来公司升职加薪是要靠逼的，你看某某部门的经理，一辞职，总经理为了挽留他，加薪升职问题一并解决了。

另一个部门经理听到这事，心里开始打小算盘：这个事情有点意思，看来我们的领导是个软柿子，你不敲一敲、捏一捏，他就不给你解决问题，我也得去谈谈这个事。于是他也写了一封辞职信，交到总经理的办公室。

总经理第二天上班，见又收到一封辞职信，拆开一看，一下子明白了，脑海里顿时有了打算。他把辞职的部门经理叫来问道："说说看，为什么辞职？"

这个部门经理说："总经理，我在公司也干了不少年了，没有功劳也有苦劳，没有苦劳也有疲劳，现在××部门的××都提职加薪了，而公司却不给我加薪也不给我提职，我觉得再干下去也没什么意思，所以我要求辞职。"

总经理又问："你真的决定要走了？"

"是的，如果公司不能答应我的要求我就要走。"

"既然这样，我也不勉强你了，我同意你辞职。你明天给我交一份确认的移交手续，就可以离职了。祝你另谋高就，前程似锦。"

总经理的话让部门经理大惊失色，他没想到总经理竟然就这样同意了，其实他根本就没有想过要辞职，但是现在他只能打碎了牙往肚里咽，有苦没法说。

为什么总经理会同意这个部门经理的辞职？原来总经理本就对他不满意，早就想炒他了，只是一直没有找到合适的机会，这次正好借这个送上门的机会，顺水推舟把他给辞了。这个部门经理的做法，就属于典型的"东施效颦"。

点评与建议

这个案例告诉我们，在职场上跟风跳槽是需要付出成本的。当身在职场的你，遭遇到了发展的瓶颈，陷于困惑，一时找不到出路时，你应该采取怎样的解决办法？

你必须认真研究自己的具体情况，研究你正在就职的岗位，同时你还要研究目前的就业市场，只有当你把这些情况都了解清楚了，把握准确了，该跳槽还是不该跳槽，你就可以做出一个理性的决定。也就是说，在任何情况下，你都不可以看着别人跳槽你就跳槽，盲目地效仿他人、跟风跳槽，只会让你付出沉重的成本代价。

第二章 跟风跳槽，随波逐流也疯狂

跟风跳槽，无法扭转"钱"坤

日常生活中，职场中的诸多不如意，可能所有为工作打拼的人都会有体会，诸如求职、晋升、加薪、岗位变动或是个人前途选择等工作中出现较大变化时，很多人就会出现焦虑、烦躁不安等情绪。特别是这一变化如果是负面的，比如降职、减薪、谋求不到职业等，很多人都感觉难以承受，出现焦虑、抑郁的情绪，严重者会出现身体、心理的双重疾病，直接影响到工作和生活。预计标准与实际事实之间相差得越大，人的失落感就会越强，也就是通常说的"期望越大，失望越大"。这也是职场失落一族的真实写照，如何才能走出失落的低谷，使自己的想法与实际相结合呢？那就必须结合风云变幻的职业市场，充分利用好"跟风"去扭转职业"钱"坤，获得职业发展。

李永2004年大专毕业，学的是应用电子，因为对电子不感兴趣，也没想到职业规划，他是看到别人在酒店的发展都很好，就进入新开的一家外资酒店工作。没想到一干就是两年，职位也升到了副经理，主要负责协调酒店和客户的关系，处理客户的投诉。

2006年，李永听说很多人都去了杭州，说那边就业形势相对较好，他也来到了杭州发展。可没想到一切都很不顺，而且在杭州感觉学历太低了，当时正值IT行业红火时候，于是他就像很多人一样产生了转行的念头。

李永在费尽心血脱产读了个自考的计算机应用本科，毕业后进了当地一家外资软件公司做测试，福利和待遇还算不错，就这样又干了近两年的时间。可是现在自己感觉只是像个软件工人，天天对着电脑做重复的事情，非常乏味，感觉和自己的性格越来越不符合，自己现在已经快28岁了，走纯技术这条路肯定是没啥前途。

现在，李永想法很多，想跳槽做市场和销售，毕竟以前在酒店有和一些大公司客户打交道的经验，而且自己外语还可以。但是听别人说做市场和销售压力很大，想找到一家适合自己转型的公司很难，毕竟以前没有做销售的经验。

眼看2008年的招聘高峰都要过去了，李永还是未能找到事业的突破口，自己也很着急。因为他感觉自己属于那种万金油的类型，有四年的外企经验，做事比较踏实，英语口语不错，有一定的计算机方面的能力，但是缺少核心的竞争力。

李永想跳槽又不敢跳，也不知道该怎样跳，他怕万一跳不好又像以前一样，越跳越糟。但又不甘心就这样在现在的公司混日子，干着一份自己不喜欢的工作，拿着不高不低的薪水，也找不到职业的发展方向！

点评与建议

李永属于典型的跟风跳槽类型，才导致今天成了失落一族。从他四年左右的工作经历来看，还处于一个初级职场人士，连自己的发展方向还没弄清楚，无疑是浪费了自己众多时间。

李永在转型决策时凭的是直觉和自己的想法，没有一个好的定位切入点，前期一直以自我解剖做基础，才导致了今天的职业发展停滞。在职业发展中求职转行是再正常不过的事情。但是，求职转行不是无序的，它讲究的是有序有趋向性地"跳高"，即转行换工作不以浪费过去的工作资源为代价，而是有效地利用一切资源，每换一次就是往更高的职业目标又迈进一步的过程。每一次对自己职业发展目标的重新设定，都要看是不是"求"有所值，是不是你的价值所在，是不是你的兴趣所在。

四年的职业生涯使李永不但没有找到自己的职业方向，而且还没有获得发展竞争力，目前又到了一个转变的过程中，如果再走客户服务工作，等于是又回到原来的起点，走IT测试路线又感觉已经走不下去了，所以转行是必然的。关键是如何找准下一步路线不至于再浪费时间。很多职业人士都会碰到如此问题，如果处理不恰当将会在职业发展中撞得头破血流，伤痕累累，使自己的心态、信心都产生极度的低落。没有真正的能力和路线，当然也不可能获得人才市场的认可。所以对职场人士来说，拥有一定与外部环境结合的竞争力和一条可以稳步发展的路线，将对以后职业发展产生决定性的作用。

　　李永在来到杭州后面临发展不顺时不是积极寻求解决方案，而是根据当时行业的热点去追风学习IT知识，不管适合不适合自己就贸然走入了IT领域，以此想寻求到下一步的发展解决目前发展不顺的状态，也正是这一步为他以后的发展埋下隐患，才导致今天感觉发展不畅的原因。职业人士在职业遇到发展不畅时，一定要首先全面评估自己的气质和潜力点，为自己做好职业生涯规划。职业发展的每一步都是有一定发展轨迹的，如果只是贸然追风行进，最后受伤的可能是自己。现在他又面临着下一步跳槽谋求职业。

　　身在职场时刻都会面临职业发展的天花板，如果遭遇停滞必须要找准问题所在点，然后根据实际状况进行彻底解决。每一步的求职、晋升、加薪发展都必须要明确定位规划点，明白自己想要什么，目的是什么，同时永远不要故步自封，那样只能会加剧职业的创伤，最终只能使自己走入无法自拔的境地。发展是必然的，关键看如何操作。

想着跟风跳槽，工作一塌糊涂

人往往容易眼红，一看到周边的亲戚、朋友从事某某工作非常不错，就不假思索地辞去现有工作，草率上阵。但到头来往往发现，结果并不是自己想象的那样美好。每个人的个性特点、兴趣能力、工作态度和价值观等都有着太大的差异。因此同样一份工作对张三适合，对李四却不一定。

跟风还常常发生在同一公司的人事流动中。看到几个同事离职了，真是按捺不住，禁不住同事的两三句规劝就很潇洒地加入到了离职队伍中，最后后悔也来不及。

尹新学的是英语新闻，7月份毕业后在一家报社的信息部上班，负责收集国内外时事新闻信息。两个月之后，尹新觉得自己对工作的性质已经了解，看着周围的记者们整天过着紧张的生活，认为自己的活儿没有挑战，而工资又没有自己希望的高。正好听到自己一同班同学刚刚从一家公司顺利跳槽到另一家公司，薪水比以前还略有提高。尹新心动，也想上人才市场重新找一份工作。这样想着，手头的工作也懒得干了，弄得上司和同事都很不满意。

点评与建议

这样的辞职心态很多见，而且害人不浅。这个事情的发生往往和老板的为人处世有很大的关系。

在一个团队当中，很多人都对老板的行为不赞同，很多人都对整个公司失去信心，这个时候有人选择好了公司跳槽了，你想了想，干脆来个裸辞。其实人才跳槽是有目的地跳，而你只是因为忍受不了寂寞和痛苦，干脆选择一走了之，渐渐的在家里待着的日子会让你更加难受，这个时候也不抓紧时间充电，而是一天天地喝闷酒，去抱怨以前的公司，久而久之就会让自己对职场产生焦虑症，不得不去看心理医生。

所谓的"世外桃源"是不存在的，到哪里都会遇到矛盾，以为换一家工作就能解决问题，这种想法其实是幼稚的，关键是要学会适应。职场新人遇到的心理困扰只有在工作实践中才能被解决，如果选择退缩逃避，只能使适应工作的步伐更加缓慢，给自己增加更多困扰。

跟风跳槽，陷入迷惑难自拔

有一句老生常谈的话："最适合自己的就是最好的。"不仅找对象是这样，职业选择更是这样。可是往往有很多人，总是这山望着那山高，看见别人在热门行业，拿到了高薪，或者别人身居要职，风光无限，就一味地盲从，完全不考虑自己的优势劣势和实际情况，结果把自己搞得很迷惑。而这种求职"夜盲症"，必然会为他们的职业发展埋下隐患。

42岁的丁高早年毕业于国内一著名高校建筑专业，毕业后在国内的房地产公司做了几年项目经理。虽然在大家眼中，做热门行业拿高薪的他已经算是职场的幸运儿，可是他没有被众人的溢美之词冲昏了头，而是看到了自己职业的局限性，为了获得更好的发展平台。他放弃了国内的一切选择出国留学，学业完成后在当地的一家建筑工程公司做市场专员，做得甚为出色。

可是，丁高看到国内的经济发展，他意识到，自己的职业应该立足于国内。于是，在回国与否的问题上，他再次做出大胆的决定，毅然回国，并找到一家建筑材料公司担任市场经理助理，没过多久就"转正"做了市场经理，主要负责建筑材料推广。

丁高一做就是两年多，成绩可圈可点。可最近他收到风声说，年末的人事升迁仍然没有他的份儿。看看和他一起回国的朋友，有的已经做到了总经理，有的自己创业开公司，可是自己呢？似乎缺乏上天的惠顾，总是发展平平。怎么办？丁高迷惑了。

> 第二章 跟风跳槽，随波逐流也疯狂

点评与建议

像丁高这样名牌大学毕业又有过国内外工作经验的高级人才，找到一份体面的工作不在话下，猎头也频频"光顾"，可是从整个职业生涯来考虑，年逾不惑的丁高做到了外企中层管理，进入了职业生涯发展的关键时期，每走一步都决定着他今后的发展方向和最终所能达到的发展高度。

其实，丁高目前最大的困惑在于不能对自己下一步的职业发展做出确切的定位，这是他的跳槽风险的主要来源。他对个人在目前环境中的"发展机会"感到不满意，这在很大程度上是他目前具有较强跳槽愿望的主要因素。他有很好的学历背景，但是专业没有用上；有市场开拓经验，但国内工作经验还不是很足。想跳槽可是所在行业的圈子很小，大企业没有适合的位置，到民营企业又不能发挥自己出色的英语能力。

像丁高这样的情况应该找什么样的工作？与什么公司背景、什么职位、什么薪酬相匹配？选择什么样的跳槽时机成本最小？怎样避免跳槽风险？职业专家认为，丁高的综合优势和职业潜质比较适合于"市场+管理"型职业经理人的发展定位，可能会是一个较佳的市场总监、客户总监等高端职位上的职业经理人选，具体看比较适合于在行业内的市场开发、营销推广（策划）、高级客户管理、项目运作等职位上谋求发展。

专家认为，职业选择跟风容易患上四大"盲症"：

一是唯"热"是选。此类人士很多是半路出家，比如有的销售岗位需要专业背景，但是有的人没有专业背景也往里面挤，结果做得半生不熟。有的是通过攻读热门专业高学历改行，可是获得学位之后又碰到年龄上的尴尬。

二是扬"短"避"长"。比如有的技术人员，职业优势在于技术，本身的个性气质和能力倾向也在做技术，结果却偏要转到销售，拿自己的短处跟别人的长处相拼，结果可想而知。

三是唯"薪"是图。有的小企业为了吸引人才开出高薪。可是进去之后才发现里面管理不规范，前景也不大看好，更关键的是，对于工作经验尚不丰富的职场人士来说，这样的企业对于积累自己的核心竞争力帮助不大。

四是避"险"有道。首先，对自己职位的基本走向要清晰，特别是企业中层管理人员的跳槽，要对自己以后的职位发展方向和发展高度有一个明确的预期。这样才能最大限度地减小跳槽成本。其次，要对行业和企业进行考察，对自己想要从事行业的动态做一个调查，看看此行业是否处于上升势头；要看准所选的企业是否在顺利成长，只有企业成长了，个人才有发展的空间。最后，适当追求高薪。过高的薪水也代表着过高的要求，如果你的水平达不到这样的要求，说明薪水里有"水分"，不想让跳槽后的薪水"缩水"，就要对自己的"价位"有正确评估。

第二章 跟风跳槽，随波逐流也疯狂

职场专家给跟风跳槽者的忠告

跳槽已成为职业白领群中一个热门的话题,并显现出一个很重要的特点:跳槽人群覆盖面非常广,不仅有工作不久的年轻员工,工作年限在十年左右的职业经理人,也是乐此不疲。有的应届毕业生一年不到竟换了五次工作单位,且每次都没有超过试用期,成为典型的"职业跳槽者"。而在这跳槽热中却存在着一个严重的问题,就是大多数跳槽其实都是缺乏科学的判断和理性决定的跟风跳槽。

正确的跳槽,会将你带入职业成长的快车道,而跟风跳槽,则将你带往职业生涯的停车场。因此,跳槽不可跟风。

下面是职场专家给跟风跳槽者的忠告:

第一,跳槽要符合自己的职业规划。

现实中有些人几乎是在不断地跟风跳槽,而且往往跨行业跳槽,或者跨职位跳槽。这次是快速消费品行业,下次是服务业,这次做销售,下次做行政。这种"跟风跳",十有八九到最后一事无成,直至一把年纪还要跟后辈去人才市场竞争。正确的做法是进入职场几年内,就要选定自己的发展方向,在一个行业内、一种职能岗位上坚持做下去,力争成为专家。跳槽可以,但却不能轻易地换行业。

职业生涯设计中,"干什么"、"何处干"、"怎么干"是三个最基本的问题。这三个问题解决好了,职业生涯发展就会比较顺利。可职业跳槽者存在"三盲地区"。一是职业发展盲目区,个人应找准职业发展方向。二是职业定位盲目,个人应想清楚自己适合什么行业,什么类型的企业。三是职业个性,不同气质类型的人才,有各自适合的工作，不要盲目跟风。

因此，在你想跳之前，反思自己的职业气质、能力是否吻合，下一步的发展方向是什么。切莫简单认为高薪跳槽未必对个人发展有利。跳槽要看清大趋势，先从宏观上仔细分析一下你所从事的行业，或你所要从事的行业现在的发展如何、未来的发展前景如何，自己会不会有发展。

专业人士认为，好工作应包括合适的工作岗位、良好的培训机会、融洽的同事关系、公平的升迁机会、完善的福利待遇、人性化的管理制度等多个方面。对路的工作、熟悉的领域有助于才智的发挥，完善的福利待遇、薪假、工伤、医疗、保险、住房也是收入的一部分，因而选职业切莫太草率。如果没有过硬本领，即使侥幸进了人才济济的大公司，也会因为自身条件的限制，早晚会被大公司内部激烈的竞争给淘汰掉。

第二，不要因暂时问题而跳槽。

跳槽前应该清楚自己为什么跳。一是不要单纯为了薪水而跳槽。哪怕你面临很大的经济压力。当你想换工作时，要对两份工作所能提供的总体价值进行比较。除薪酬外，还有企业实力、个人发展机会、工作环境等很多方面的内容。对于年轻人来说，个人的发展机会是其中最重要的，因为它意味着你未来的薪酬。

二是不要单纯因为不满而跳槽。有些问题是企业的共性，不管在哪个企业，都有可能碰到相同的问题。人们往往会因为对目前工作不满而巴不得尽快逃离，殊不知，新工作上手以后老问题又会浮现出来。那时你怎么办呢？再跳槽吗？仅仅因为一些客观的因素限制而没有慎重思考就跳槽其实是一种逃避。所以，对现在工作的某方面不满而决定跳槽的朋友，一定要扪心自问："换一份工作能否真的解决我现在工作中遇到的问题？"成熟的人，会尽力找到目前工作的问题所在，尽力改善，逐渐拓展自己的职业生存空间。

三是不要因为攀比而跳槽。职业发展就像跑马拉松，短时间的比较没有意义。年轻人容易和别人去比，总想着找一份更高薪的工作让同学刮目相看。事实上，最初薪水高的人在未来的发展未必比起点低的人好。更重要的是，不同行业，不同职能岗位，没有什么可比性，盲目地与周围同学朋友比较，只会让自己心态失衡，跳槽失误。

第三，明确自己在什么情况下可以跳。

一是缺少发展空间可以跳槽。在我们职业发展的过程中，最理想的当然是我们和公司一起成长，公司的规模越来越大，运营越来越健康，我们的责任越来越重，职位越来越高，回报也越来越高。但身处发展比较稳定的企业的朋友，如果企业没有新的业务拓展，很难有新的晋升机会。或者有些朋友的地位因公司内部变动而边缘化，这时，或许跳槽是比较理想的解决手段。

二是技能上很难有提高时可以跳槽。如果你的技能明显超过工作所需，工作没有挑战性，自己也不尽心，甚至感到压抑，根本无法发挥能力时，应该通过内部转岗找到合适的位置，否则，跳槽或许是唯一的解决方案。

三是你的公司落后，而你又无力改变公司时，可以跳槽。泰坦尼克号上的每个人都是失败者——你再能干也阻止不了巨轮的沉没，此时逃生是唯一的选择。所以，当你的企业在市场竞争中半死不活，而你个人又无法改变时，最好的选择就是跳槽，换一个更能发挥你作用的平台。

四是在成功的时候跳槽。与一般人不同，成功人士的跳槽往往不是在职业的低潮期（这时他们往往会咬牙扛过去），而是在自身职业的春天来临之时，反而会跳槽，这样他们就能得到新东家更好的条件，令自己更上层楼。

第四，下定决心就要早做准备当机立断。

一般来讲，你至少应该有在某一个还不错的公司里工作三年以上的经历，因为只有这样你才能够适当地积累起某一领域里的专业知识、经验和技能，才能获得真正的职业竞争力。同时，三到五年一次跳槽，让你的简历也不会难看。

职业发展比较好的模式，是"T"形发展，即在职业生涯初期，先在一个相对狭窄的领域做深，写好那一竖，成为这个领域的专家。然后再写那一横，培养自己广博的知识和全面的技能，使自己具备成为高级管理人员的素质。而当你已经具备足够实力时，跳槽要当机立断，不要犹豫不决，宁可冒点风险早作改变，不要踌躇不定错失良机。当你真的决定跳槽了，那就尽快进行相应的准备。

成功的跳槽至少需要两个月至三个月的准备时间。不要把跳槽仅仅当成换一个简单的工作，而是要把它当作自己职业生涯中的一个重要环节。利用这样的契机加深对自己的认识和了解，加深对自己职业目标的评估。

第二章
跟风跳槽，随波逐流也疯狂

第三章
追随跳槽，为了报恩也疯狂

"我是棋子还是千里马？"面对是否要跟着上司一起跳槽的时候，这是个首先要考虑的问题。当上司力邀下属跟随自己到另一家新公司时，一般来说，下属往往有一种被信任被赏识的满足感，情感回报的结果就是跟着一起走。但是能否适应新公司的环境、能否达到新老板的期望值、新公司老员工是否排挤你，都决定了这是不是一次成功的跳槽。所以是否跟随，情感因素会影响判断，分不清自己是棋子还是千里马，作为职场人，最需要考虑的应该是根据职业生涯规划来确定自己的走向。

乖丫头随主跳槽终成"炮灰"

上司要跳槽,你跟着走吗?"我是棋子还是千里马?"面对是否要跟着上司一起跳槽的时候,这是个首先要考虑的问题。

上个月,一家IT公司的部门主管黄莺辞职了,没过几天,黄莺之前的下属梅馨也在公司"消失"了。几天后,当梅馨出现在黄莺现在所在的企业时,大家才大跌眼镜:原来梅馨是跟随上司跳槽了。

30多岁的黄莺,是个精明干练的职场女性,性格非常强势。而大学刚毕业的梅馨,则是个乖乖女,非常听吩咐、做事也很踏实。所以梅馨刚到公司不久,便成为黄莺重点培养对象,部门很多重点工作,甚至一些私人的事情,她都会交给梅馨去做。渐渐的,两人关系越来越好,公司里的人都说她们俩像姐妹。

有一次,另外一个部门的主管给梅馨布置了一项任务。梅馨本来没有怨言,还努力去做,却被黄莺发现了,黄莺当时便找到对方主管,讲明这个事情不是梅馨的责任范围,不能让她去做这个事、担这个责任。黄莺的细心维护,也使得梅馨非常感动。不仅如此,工作上的不少事情,黄莺都愿意手把手地教梅馨,甚至在公司怎样处理人际关系等。这些点滴,让这个女孩子受益良多。

因为梅馨是外地人,自己独自在这座城市租房生活,黄莺家里只要做了好吃的菜,都会邀请梅馨过去吃饭。当然,梅馨的乖巧听话,也使得黄莺很受用,毕竟,自己布置下去的工作丝毫不用操心。

上个月,黄莺因为与上司关系处理不好,于是选择跳槽,到了一家软件公司,也是做部门主管,但收入比现在的公司高不了多少。到

第三章 追随跳槽,为了报恩也疯狂

新公司后,黄莺对新公司给自己分配的助理不是太满意,于是在征求了梅馨的意见后,让她跳槽过来了。

梅馨告诉老同事,觉得和黄姐一起能学到不少东西,所以就过去了,并不完全出于对薪水的考虑。

然而,新的工作环境并不像梅馨想的那么美好。上司黄莺到了这家公司后,由于在工作上没有和上下级协调好,仅仅两个月的时间就出现了人际危机,和大家的关系闹得很不愉快。每当有什么事情,黄莺常常明里暗里示意梅馨和她站在一起,久而久之,梅馨感到自己被利用了。

点评与建议

邀请你跳槽的老上司有两种动机:一种是双方合作愉快,上司认为可以在新公司保持更好的合作关系,以实现双赢;另一种是为自己的利益,或者是打击原公司,或者是在新公司增加砝码。在这个案例中,由于梅馨在新东家那里无非也是一位"新人",新东家和黄莺之间的明争暗斗愈演愈烈,跟随上司的梅馨成为了"炮灰"。

事实再一次证明,决定是否跟着上司跳槽前,一定要认清自己想跳槽的原因是什么。眼前工作压力大?职业倦怠?产业前景看好,外界频频招手?工作太过稳定,以致感到无聊?有些上司看上的是你的关键技术与优势才能,而有的上司则是看中你无可救药的忠诚。有的上司懂得疼惜人才,处处为你谋福利;有的上司则是把你当面纸用,用完即丢。无论如何,上司跳槽一定是从他的自身利益出发,而且他并不负责你的后半辈子,所以,一定要理性看待这件事。

总之,是否跟随上司一起跳槽,作为职场人,最需要考虑的应该是根据职业生涯规划来确定自己的走向。

追随上司跳槽,最后自食恶果

跟着上司跳槽,你是他的利益共同体,还是一颗任人随意摆布的棋子?是一条绳上的蚂蚱,还是裙带关系的恩惠?一荣俱荣背面是一损俱损,跟随上司跳槽也许少了找方向的迷惘,却更考验你的眼光与策略。来看下面伊美和阿红跟随上司跳槽这两个例子。

伊美是会展公司的能手,在业务上八面玲珑,与客户情如朋友。通常有什么活动和聚会,大家都不会忘记叫上伊美,其中某知名化妆品公司市场部经理M,更是铁到要带她跳槽了。

在年底的挖人大战中,资深的M经理,被名声更响亮的奢侈品C公司猎到,受邀出任MKT经理一职。而M想到了拉伊美做她的助理,一是私交不错,二是M认可伊美的能力,三是C公司全都是香港人,M不想被孤立,必须也有心腹。

伊美一听C公司名头和报出的薪酬,立马失去了方向,又承蒙M看得起,大有感恩涕零之势。不过出于对年终奖的贪恋,伊美决定拖到节后上班,尽管M疯狂催赶,但在经济利益面前,伊美岿然不动。

既然有了下家,伊美就有恃无恐了,面对年底的会展、会务超级旺季,她本着出工不出力的姿态,混到了两万元入袋,然后潇洒走人。

去C报到时,年底、春节的大CASE基本已步入正轨,由于伊美没有参与前期的策划、准备、讨论,一时间也难以插手。虽然M的亲宠一如既往,但香港团队明显孤立她俩,伊美暂时也没有机会通过具体的项目来证明自己的实力。

第三章 追随跳槽,为了报恩也疯狂

更要命的是，公司档次升了几级，薪酬却不升反降。之前伊美是小公司的小主任，月薪4000元，但有独当一面的自主权，广告、谈判、赞助都得通过她，灰色收入成色极高。现在她沦为C公司的市场部助理，虽然月薪6000，但一点浇头都没有，扣了税金更是惨不忍睹。

28岁的阿红来到这家公司之前，在一家合资软件公司工作。由于业绩突出，她从业务员晋升为销售主管。很多人说IT业是男人的天下，也许正因如此，阿红和女上司间有那么些闺蜜味道。她一直这样认为：上司的认可与提携是自己在这家公司得到良好发展的主要原因。

进入公司两年，一切都在朝着美好的方向前进。然而就在此时，上司辞职了，理由是"要寻求更大的自我突破"。

"和我一起去新公司吧！我一直很看好你。"一直和阿红惺惺相惜的女上司对她说。阿红有些措手不及，但两个不眠夜后，她递交了辞呈，下家就是上司要去的那家民营企业。阿红用来说服自己的理由很简单，跟着器重自己的上司，总不会吃亏。况且，前人的经验告诉她，即使不追随上司离开，老板也会把她归到"跳槽员工心腹"的堆儿里，会对她"另眼看待"。

然而，跳槽后的情景不如阿红想象中的美好。在新公司，上司和阿红一样，要从零开始。为尽早适应环境，上司玩命工作。为避嫌，上司对阿红的要求格外严格。起初，阿红不以为然，同样卖力工作。可渐渐的，上司对阿红越来越冷淡，阿红不明所以。

一个偶然的机会，阿红得知，原来上司带她一起跳槽，是想利用她的业绩和人脉，为自己在新公司站稳脚跟找个帮手。说得通俗些，她不过是被她当作一个忠诚的随从、合适的垫脚石。委屈、愤怒……各种情绪涌上阿红的心头。但她又能怎样？追随上司跳槽，让阿红有苦难言。

点评与建议

择主而侍，首先要看清自身的情况，一定要将自己未来的主导权掌握在自己的手里。

导致追随上司跳槽原因不外乎以下三点：一是盲目信任上司。看到上司都决定跳槽了，想来该是家不错的公司；上司这么看重自己，想把自己也带过去，职业满足感顿时涌上心头，既然是"自己人"了，想来以后的职业发展道路上，上司一定会处处提携。而伴随这种信任的往往是对新公司缺乏必要的了解。二是错误地估计新职位。一般来说，上司往往会许给员工一个与现在同等的职位。"如果上司挖我去做别的工作，我也许还要想一想，但是干老本行，我完全相信自己的能力，再加上多年的工作经验，我对新工作充满信心。"许多人这么想。但别忘记，环境变了，一切都会不同。三是被高薪深深打动。其实，这也是职场人下定决心追随上司跳槽的关键因素。但是，只有适合自己、又有发展空间的工作才算好工作。

就伊美的情况来看，她就好比地头蛇来到龙王庙，没了地霸优势。她没有考虑这些，也没有考虑自己需不需要换工作，而是盲目跟从M。事实上C公司挖的是M，伊美纯粹为M而改变自己的前途命运，充当马前卒的冲动是否太凭血气之勇了？大公司的高薪，人人不可抗。尤其想到名片递出去之后的附加价值，伊美更是毫不犹豫。不过，外联转内勤了，油水变死工资了，还要这虚名作甚？人人都说伊美这次跳槽升了档次，但实际的得失，只有自己心知肚明。虽然之前伊美做会展会务、M做化妆品、新东家是时尚旗舰，但勉强可属同一战线，相互间的协作很强。伊美为了年终奖而拖延报到时间，无可厚非。但她错过了精彩亮相的机会，再要顺利融入新环境，就有点难。

跟随上司跳槽，首先是上司愿意并且能够带你跳槽。在上司与新公司达成一定协议后，你必须了解新公司对你个人的评估，你在独立跳槽情况下在新公司的价值。他们为什么愿意接受多人一起跳槽？是急需人才还是仅仅挖对方墙脚造声势？必须考察的是新公司的各方面情况，尤其是人际关系及发展前景。跟随上司跳槽，有可能使你免去熟悉新领导的过程，也有可能增加你融入新团队的难度。

上司跳槽肯定是考虑了他个人的得失，有些上司出于个人目的带领手下跳槽。最严重的状况是，上司率众出走的目的仅出于报复公司的私心。因此你要审慎判断上司带你跳槽的目的是欣赏你、利用你还是利益上有共同点，列出这次跳槽上司与你个人分别能得到的好处。

跟随上司跳槽，要明白你自己该不该跳。如果你所在的公司正处于摇摇欲坠的阶段，而个人也没有更多更好的选择，跟随上司跳槽能使你顺利获得新机会。

如果仅仅是对个人工作状况不满，首先要明确自己不满的东西是什么，能不能通过自我调节改进，否则就算跟随上司到了新公司，同样会出现问题。

你要搞清楚，你与上司的关系到底是私人友谊还是同事合作。如果你们的关系是私人友谊多过同事合作，会给对方留下裙带关系的不好印象。而私人友谊关系也会影响你在是否跟随上司跳槽时的客观判断。

对于个人来说，若只因高薪或是江湖义气而选择一份工作，这种思考逻辑未免太短视近利。跟着上司跳槽，考虑的应该不只是薪水，也应留意未来的行业景气，以及是否能够符合自己成长方向。一个人的思考是有限的，考虑跳槽或转职时，不妨多听听旁人的意见，降低跳槽失败的风险。例如，我们可以咨询与自己工作相关，但职业、思考层面不完全类似的好友，有社会经验的忘年之交，家人与伴侣的意见也必须考虑。更重要的一点是，面对跟上司一同跳槽的情形，绝对不要和同事或有利害关系的人讨论，避免流言四起，平白丢了工作。

知遇之恩，面对诱惑难取舍

或许你现在的工作单位很不错，或许你现在的上司或老板曾经对你有过知遇之恩。但如今，又有一个新的发展机会来到你面前，那里有更高的薪水，那里有更诱人的工作环境，那里有更广阔的发展前途，你是忠诚现在的职业，舍利取义留下来，报答有过知遇之恩的公司和老板，还是选择新的奋斗目标，毫不犹豫地离开，追求更大的发展空间呢？

知遇之恩，一个带有强烈感情色彩的字眼儿，多数时候会被引发为"士为知己者死"的一腔热血，荆轲之于太子丹的故事，让我们于"风萧萧兮易水寒"中感受慷慨悲歌，也知道了什么叫侠之大者。这种感受令人神往，然而，大多数人也仅仅止于神往，而没有足够的勇气去身体力行。如果有人说数倍的薪水也休想动摇自己，那么十倍、数十倍呢？在价码一再攀升的情况下，你还能够无动于衷吗？如何选择自己的职业前途，看看下面这个例子，或许对你有所帮助和启迪。

31岁的周阳是外语学院的高材生，毕业后被一家著名的旅行社老板看中，因为表现不俗，不到两年就成了旅行社的培训部经理，几乎所有新招人员都要经过他的测试和指导。

但周阳并不乐观，反而越来越觉得自己没有成就感，由于专业和经验的限制，老板不可能再往上提拔他，他感到在这里似乎已经到了尽头，无论再怎么努力，也不会有多大的发展。找不到事业迸发口的周阳，经过深思熟虑后，决定辞职去读MBA。

MBA毕业后，周阳被一家外资企业聘为中方总经理。

第三章 追随跳槽，为了报恩也疯狂

其实在跳槽之前,周阳的思想斗争很激烈,走吧,对不起当初选择自己培养自己的老板;留吧,这里的确没有多大的发展空间。后来,他觉得在工作上跳槽与否,首先应该考虑自己的价值如何实现,是否有自己实现抱负的空间和可能,其次才是感恩报德。周阳认为,如果因为老板对自己好,就错失大好机遇的话,那岂不是因为个人的感情而耽误了事业的发展?假如人人都这样的话,那社会又如何向前发展呢?何谓"忠诚"?古时候的例子太多了。封建社会毕竟已离我们太远,那种"忠诚"现在应该抛弃,新时期应有新的忠诚。作为社会的一员,首先要对自己负责,对自己忠诚,进而才能对社会忠诚,对别人忠诚。仅仅因为上司对自己有情义就放弃更大的发展空间,周阳认为那是愚忠!

为此,周阳去请教了职业咨询师。

职业咨询师在为周阳做了比较全面的测试和分析后,对他说:"在这个发展如此迅猛的现代社会里,哪里需要就到那里去,哪里的利益高就往那里跑,哪里更能得到发挥就到那里去发展。你可以选择我,同样,我也可以选择别人。而这个选择,恰恰就是忠诚的表现,是对自己的忠诚,亦是对社会和社会发展的忠诚。一个人在做出一种决策的时候,肯定会有感情的一面和理智的一面。那么如何选择呢,这就要从长期的利益去考虑,不要只顾眼前,因为近期的损失,可以被长期的利益所弥补。你今年刚满30岁,调整自己的职业,对你来说更应该算作一种机遇。感情可以用各种方法去弥补,机遇失去了便不可再来。"

周阳很庆幸自己在咨询师的帮助下作出的抉择,读MBA领悟到的商业理念,加上他原本不错的英语基础,让他看到了职业生涯充满希望的新开端。

点评与建议

不满足于已有的成绩和工作环境，宁愿转换职业角色以谋求更大发展，这种想法是一种积极的心态。但在跳槽过程中，确实需要在金钱、社会关系乃至个人方面付出相当的代价。最好去找一下职业咨询顾问，或者去做一个职业素质测试，了解自己，准确定位，这样可以避免走更多的弯路。周阳这样做了，事实证明效果很好。

因此，当你确定现在的职业不可能给自己带来更长足的发展后，就要积极地把握机会，稳步地进行调适，最后找到自己理想的职位。也许暂时会有一些损失，但不会比在今后的日子里，忍受内心的郁闷更令人难受。当然，稳中求胜，螺旋式上升，同样也可以达到既定的目标。

周阳的例子告诉我们，如果你对自己的职业生涯有较高的期望值，那么就要打破惯性思维，冲出感情的羁绊，有敢于放弃的魄力。同时，要理智客观地审视自己的工作和心理状态。把自己的优缺点、性格与职业的适应和不适应之处，都如实地摆出来，让理性代替感性，让理智代替感情。

另外，调整心态是非常重要的一环。跳槽既不可怕，但也不是什么值得羡慕的事，关键是每一次都要"跳"有所值。

跟随上司跳槽后，成了附加用品

技术团队通常需要较强的配合度和默契度。一方面对于普通员工而言容易产生"师徒"的工作关系，集体离职主要原因就是每个人互相紧密度高，通常情况下，当团体的核心有了更好的去向，都应该是有更好的发展条件，此时他的手下一般都不会拒绝。另一方面对于领导而言，要做出成绩，体现价值，也需要工作理念相同、磨合度好的团队支持。

特别是对于另谋高就的领导来说，进入新单位后，往往急切地希望做出好的业绩以证明自己。但是如果新人用得不顺手，或者需要对新人有着必要的培训过程，那么工作成绩就会大打折扣了。

朱震是一家IT公司的资深项目经理，在该公司已经工作了近六年了，手下有两个小团队，共有九个人，颜宁便是其中一员。

2003年秋，一家猎头公司找到朱震，表示有一家刚刚进入中国市场的IT公司想邀他加盟，并且对方开出的薪酬也比他原来公司高出了近40%。经过权衡考虑，两个月后，朱震走马上任，正式加盟新公司，他的四位下属也随他跳槽到了新东家，其中就有颜宁。

颜宁对朱震充满感激，认为领导给自己这个机会也说明他对自己的重视和认可。其实对他而言，工作内容和性质没有太大变化，但待遇和工作环境却有了不小的改善，这对于他来讲是件好事。

朱震原本是准备一个人走的，但新东家要他搭建一个项目班子，如果下属全部从外界招募而来，前期团结度与紧密度不好，工作理念也会有所区别，容易产生一个较长的磨合期。这样的话，自己工作会比较累。如果能带一个已经有相当合作经验的团队加盟，新的业务可以在最短的时间内上马，容易在短时间内出业绩。

点评与建议

　　作为颜宁式的跳槽者，由于某种程度上是"买一赠一"的附加产品，并不是新公司要挖的"重要人物"，一方面可能在新公司无法引起应有的重视，一方面也会在无形中被看做高管的派系，打上烙印。由于前途和上级紧密相关，一旦核心人物的职场再度产生变化，或离职或降职，无疑都会对这些跟随跳槽者产生负面影响。所以最关键的还是应当提高自身工作能力，努力成为公司不可或缺的人才。

第三章　追随跳槽，为了报恩也疯狂

跟上司跳槽后，"心里很没底"

引发跟随上司一起跳槽的原因有多种，要么是员工和上司的感情比较深厚，要么是员工个人在原单位的发展遭遇了"瓶颈"。但跟着领导一起跳槽，真的对自己的职业生涯有所帮助吗？

两年前，凡平还是一家大型医药公司的销售人员，在职场上摸爬滚打了一年多，工作已经逐步走向正轨，公司经理对他帮助很大。刚进公司那会儿，没有任何客户资源，工作无从下手，是经理一步步带凡平熟悉客户，教他如何开拓客户的。也许正是对自己直接领导的感激和信任，2009年10月，他的经理积累一定客户资源并决定另起锅灶后，凡平和其他几名经理的老部下一同义无反顾地跟随了他。

凡平想到自己也是新公司创业的一分子，当时心情很激动，大伙也是一样，都铆足了劲要干出一番事业。

然而一年后，在市场残酷的竞争下，再加上原公司的刻意打压，公司一度资金短缺，固定客户流失严重，到2011年年初甚至一度面临破产。工资发不出，最初团结的班底也出现不和谐的声音。因为部分人的退出，使公司的力量更为薄弱，最严重的时候一个月就走了四个人。

一方面出于对老上司的忠诚，一方面由于没有丰富的工作经验，暂时跳不到好的单位，虽然公司至今还没有任何起色，凡平还是选择留下了，但是对于未来，他"心里很没底"。

点评与建议

作为跳槽的跟随者，行动之前一定要从个人的职业发展来考虑跳或不跳，最忌盲目跟风。凡平之所以在职场上失去方向，很大程度上就是没有做好自己的职业规划，把前途发展寄托于单纯的情感"关系"上，把自己的命运安排交到了别人的手中。

一般情况下，集体跳槽的核心人员，都有一个共同的现象，那就是个人魅力比较强，以前在公司就形成了自己良好的人脉。案例中，凡平的经理便是典型，在原公司，他成功地拥有以自己为核心的小团队。

作为下属，看到领导跳槽或者创业，跟还是不跟，首先自己要有主心骨，要综合各方面主客观因素，比如市场环境、领导能力等，一个好的领导未必就是个好的创业者。拿本案中的经理为例，他是销售人员出身，他的致命弱点就是职业成长途径单一，虽然已和众多客户资源达成信任度，"翅膀硬了"，但是销售业绩好不一定管理和经营的能力出色。一个好的公司，销售固然是关键，但并不是全部。

跟随上司跳槽，增加环境风险

年末年初，跳槽高峰到来，很多朋友都是看着原来上司的面子，跟着一起跳槽。但是，跟着原来上司跳槽就没有任何风险吗？

志文以前所在公司的一名副总跳槽到一家房地产公司，让志文过去做他的助手。经过思考，志文去了。

志文在公司做行政总监助理。原来的行政经理是老板同学的妻子，他们夫妻都在公司上班。行政经理什么都不懂，公众场合连一句完整的话都说不出，整天保姆似的伺候老板，在员工面前她会把责任推给老板，在老板面前却说员工的不是，两面当好人。

到公司后，志文做行政主管兼行政总监助理，一个月的时间健全了公司的各种制度，但他发现自己在公司里处处受到排挤。特别是在行政部，前台和内勤在行政经理的挑动下也敢对他使脸色。而找行政部经理谈话时，她却说她不想在公司做了，让志文找老板想办法。

行政总监平时在老板面前很帮志文说话，他们也经常在一起吃饭，但在这样的环境中志文工作很郁闷，他一天也不想多待了……

点评与建议

在对这个案例进行点评和建议之前，我们先来看看世界上最伟大的推销员乔·吉拉德的工作方法。乔·吉拉德曾经是一个35岁之前换过四十个工作仍然一事无成的失败者，但是他在最后一次跳槽进入汽车销售行业之前，问了自己三个问题。对这三个问题的追问，其实正是所有职场人士跳槽时都必需的重要问题。

一是在新环境下，这份工作的发展目标契合自己的性格、特长与兴趣吗？职业生涯能够成功发展的核心，就在于所从事的工作要求正是自己所擅长的。从事一项自己擅长的工作，我们会工作得游刃有余；从事一项自己所喜欢的工作，我们会工作得很愉快。如果所从事的工作，自己既擅长又喜欢，那么我们一定能够快速从中脱颖而出，这正是职场成功的关键所在。

二是在新环境下，这份工作是否有可持续发展空间？选择跳槽无非是为自己选择一个更大的发展空间。所以选择跳槽时，必须考虑这份新的工作是否具有职业可持续发展，即可以不断提升自己技能和延续自己的专业能力，当然行业发展空间巨大是必须的。选择跳槽时，必须有一定的职业发展规划意识。职业发展规划不是一个阶段性的目标，而是一种可以贯穿自己整个职业发展生涯的远景展望，所以职业发展规划必须具有可持续发展性。如果职业发展目标太过短浅，这不仅会圈制个人奋斗的热情，而且不利于自己长远发展。

三是在新环境下，这份工作是否有助于自己扩展人脉资源或开阔视野？现代的职场晋升跟以往已经大大不同。人脉关系在个人成功过程中扮演着极其重要的角色，优秀的职业平台应该是一个既可以发挥个人技能优势，又能协助个人不断扩展有益人际关系的开放式平台，能够帮助职场人在工作中不断积累自己的人脉资源，扩散视野，获取更多的经验与指导。

对于许多职场人士来说，职场生涯就像一场战斗，是一场不间断的、让人无喘息余地的追逐。在一次次胜利中间夹杂着许多次失败和拒绝，在喜悦、期待、得意与兴奋之中往往夹杂着恐惧、拒绝和失望。不论身处什么样的境况，也不论遇到多少次挫折，但对于成功者来说，他们就如乔·吉拉德一样始终相信：没有失败，只有暂时停止成功。如果你坚信这一点，恭喜你，你已经获得了职场发展。

感情纠结，难舍上司多关照

是否跟随老上司一起跳槽，判断的基础不应以上司的意志为转移，而是个人的价值取向。若非如此，就会得不偿失，影响到自己的职业生涯。

李彦在一家进出口公司已经工作八年了。记得初到单位时，部门主任对他很关照，也教给他很多业务知识和职场常识。

经过几年的努力，在主任高升一级的时候，李彦被主任提携成这个部门的主任。因此，李彦一直对主任怀有感恩之心，两人私交也很好，没事时常在一起喝点小酒。

前段时间，主任管理失误造成严重后果，被公司通报批评，还罚了款。他一直耿耿于怀，最后决定跳槽。

主任私下找到李彦，说如果李彦跟他一起离开，就为他在新公司安排一个职位。

李彦有点犹豫，毕竟自己在这个公司工作八年了，对各方面都很满意，暂时没有跳槽的打算，但又觉得不跟他走似乎有点背信弃义，而且没有了老领导的关照，不知道自己未来的工作会不会顺利。李彦为此颇为苦恼，实在难以做出抉择。

点评与建议

李彦面对的问题既不是与老上司的感情纠结也不是信用问题，而是八年培养出来的对老上司在事业方面的依赖关系，至少是精神依赖。换句话说，是李彦独立意识的缺失和自信心不足的表现。

从人性的角度讲，老上司对主人公八年的关照，彼此建立起来的情感与信任是很难有人替代得了的，如果突然两个人天各一方，可能短期内还真是不习惯，主人公对老上司的感激与回报都是情理之中的，属于正常人际关系范畴。

在这个例子中，李彦的个人价值取向应该包括以下几个方面：

首先，我们应该明白人的行为动机不外乎包括：因利而为，因困而为，因义而为。

老上司的跳槽是因困而为，主人公想跳槽却是因义而为，行为动机是有差别的，不同动机的行为其结果也是有差异的。

其次，导致老上司跳槽的原因是管理失误给公司造成严重后果，被公司通报批评，并罚了款，而使老上司一直耿耿于怀，最后决定跳槽的。

老上司带着这种心态去跳槽其实是对现实的抵触与逃避，即使跳了槽也很难保证去新的单位就一定活得比现在好，因为挫败感在他心灵深处仍然埋藏着，随时会滋生出不良情绪来影响正常生活，如果不及时排除就会形成精神隐患。

再者，李彦出于义举想跟着跳槽，其理由是不充分的，前途是迷惘的，自然会导致内心冲突。

从当今职场人才流动的趋势看，体制内的企事业单位相对体制外的尤其是民企而言要稳定得多，即使在民企跳槽也不是件经常性或时尚的事情，没有特殊情况，大多数职场人士还是选择有发展潜力的、待遇相对稳定的企业。

作为长期就职的场所，频繁跳槽也要因人而异，有的天才人物只有在跳槽中才能证明自己，实现自我价值，如唐骏、李开复等。

还有相当一部分人跳槽只是为了生存，不得不为之，跳槽的结果让他们失去了晋升机会，因为每次新环境都让他们从头开始，没有根基的职场环境单凭个人打拼想出人头地，其难度是可想而知的。

李彦在这家公司工作八年了，对各方面都很满意，说明他在这里已有适合自己发展的职场环境，包括人脉资源、晋升机会等，跳槽对他而言显然是非理性的，所以主人公面对老上司要求他一起离开感到犹豫，这是一种百姓情怀。

　　总之，李彦的八年职场生涯几乎是在老上司的栽培下成长的，但这不等于以后的路就一直要与老上司相伴了，即便老上司没有跳槽之举，也很难说他将永远帮助主人公一路顺风地晋级升迁，而主人公个人的成长早晚也要走向独立，依附他人的路总是很短暂的，走自己的路才能到永远。

随主跳槽后触响"职场地雷"

跳槽，跳槽，越跳越高，更何况，你还是"有幸"和你的上司一起跳槽。这不仅意味着你们的才智备受上司的器重，更意味着你们的职场生涯在上司的提携下上了一个台阶，让你们觉得事业更有了奔头和发展。可是，当你摩拳擦掌、雄心勃勃准备再接再厉大干一场的时候，新的公司里各种意想不到的问题，特别是错综复杂的人际关系，如巨石挡路般挡住了你前进的步伐，打击了你火热的激情，让你迷惑和痛苦。

因此，不要因为跟上司一起跳槽而高傲，不要在新环境下谈论过去的工作环境，也不要参与拉帮结派，更不能向新同事提供工作机密。否则，你的结果会很难堪！下面我们通过四个例子来说明这些问题。

为了寻求更大的发展空间，小乔随同上司一起跳槽了。上司拍着他的肩膀说："小伙子，好好干，我相信你的能力！"

小乔听了，满心欢喜，他觉得上司的这句话不仅让自己对未来有了信心，更证明了自己的能力和价值。这么一想，小乔开始有些骄傲起来，在和新同事说话时，总是时不时地提到自己上司的名字，或者炫耀自己在过去单位的工作业绩，有一回甚至在一位年轻的同事面前摆起了一副当官的架势。小乔认为自己这么做没有什么不好的，谁让自己是随同上司一起跳槽的呢？

优秀是自己的优势！可是，他不知道，他这种张扬的做法，在同事心里留下了很不好的印象，大家都觉得他是一个狂妄自大的家伙。

久而久之，同事开始疏远他，到最后，只要小乔一炫耀自己，同事就故意讽刺他挖苦他。小乔感到很羞辱，也很困惑，新公司的员工怎么这样不好打交道呢？

后来，有个快退休的老员工告诉小乔："上司提携你，的确是认可你优秀的一面，是希望你将优秀的工作能力在新的职场中继续发扬光大，达到事业的成功。但是你如果将这份优秀以高傲的姿态表现出来，只会让同事反感，他们会通过讽刺或者疏远来'报复'你。这并不是同事的错，也不是你所认为新公司的员工不好打交道，他们的这种'报复'是职场中的一种正常的心理应激反应现象。你现在要是想改变这种糟糕的局面，很简单，平息自己的高傲心理，把自己的优秀用更兢兢业业的工作态度转换到事业中去，随意平和一些，自然会赢得大家的喜爱，等将来你事业成功了，也自然会让大家刮目相看。"

小乔听了老员工的教诲，如醍醐灌顶，恍然大悟。

小孙随同上司一起跳槽后，发现新的工作环境还不如以前的工作环境好，于是，常常在新的同事和新的领导面前，有意无意地谈论过去的工作环境，譬如常说："我们原来是怎么做的……""我们原来的薪水有多少……"等等。小孙自以为是地想，这样说，新同事和领导就会对自己刮目相看，可以缩短和大家的距离。

可是，他很快发现，同事开始疏远自己，领导也经常批评自己工作态度不认真。小孙心里很不服气，弄不明白是自己不能适应新的工作环境还是新的工作环境在排斥自己，反正，在他眼里，新工作环境里的人际关系太复杂了！

有一天，他的老上司私下里跟他说："最好不要在单位的上司和同事面前大谈过去的单位给你什么样的待遇，你所暴露的这种优越感，不仅不会调和人际关系，反而会搞得别人不舒服甚至反感。"

小孙频频点头，若有所思。

小国和上司跳槽到新公司的第一件事情，就是打听办公室的人际关系，他希望关系复杂一些，最好像原单位一样，存在拉帮结派的现象，这样，他就能加入其中的某一方，不仅能很快融入新的人际关系中去，还能在这个帮派中获得职场的"保护"。

很快，小国就摸清办公室明争暗斗的两大帮派，经过深思熟虑，他加入了力量较大的一派。可是，小国很快痛苦地发现，自己成了一个两头受气的职场新人，自己的帮派经常让自己暗中去破坏对方，而对方则经常找机会"报复"他，搞得小国两头不是人。

更令小国感到难堪的是，不久前，老总在大会上说了这样一番话："有些人作为新同事，不认真搞好工作，却混入职场帮派，尔虞我诈……应该摒弃这种错误的心理，即便被他人怂恿，也不要参与进去。所以还是应该站在长远的角度看待这个问题！"小国在下面听了，如背着芒刺，浑身上下不自在，心里也委屈得不行：我这样做，还不是想改善人际关系，然后一心搞好工作吗！

小郑随上司跳槽之前，很认真地看了一些关于职场心理方面的书籍，从而知道，在新的工作环境，不可以谈论过去的工作环境，不能自高自傲，可是，等她信心百倍地去公司上班时，才知道，原来要建立良好的人际关系是多么的困难。新的同事几乎对她不理不睬，即便有时候小郑主动打招呼，大家也只是很不友好地点点头。不过，好在老总比较器重她，把公司一些较为复杂的工作放心地交给她去做。

小郑发现，只要自己一从老总办公室出来，大伙就对她亲热起来，问长问短。开始，小郑感到受宠若惊，后来发现，原来，大家都是有目的的，是想从她口里套到有关机密工作的事宜。小郑开始想，工作机密可是不能随便说的，转念一想，应该没什么吧，这不也是一个缓解职场人际关系的方法吗？于是，小郑就将这些机密慢慢告诉了大家。

可是，她很快发现，自己冒着危险将这些职场机密的事情吐露给大家，但大家只是对自己好一阵，过一阵又冷淡起来。直到有一天在

第三章 追随跳槽，为了报恩也疯狂

卫生间里听见有同事在背后说"一个连工作机密都敢出卖的人，估计就不是一个很好的人，这样的人，谁敢和她走近！"等同事走后，小郑当即就在卫生间里痛哭起来，她不明白为什么新单位的人际关系这么复杂。

点评与建议

跳槽后，在新的环境中，因为你是随上司一起跳槽而来，通常会受到新单位领导的重视和器重。在这种情况下，如果一味地谈论过去的辉煌，或者搞不正当的圈子游戏，或者向他人透露工作机密，都将触响"职场地雷"。一旦"地雷"爆炸，就会失去人们对你的信任。因此，追随跳槽后要格外注意适应新的环境，千万不要为了提升职场形象而犯这样的低级错误！

核心高管跳槽，是否随跳很矛盾

中国人注重集体主义，对"组织"有一种天生的敬畏与依赖。一旦"主子"的动向有所变更，原来的"老臣"们会很知趣地追随原来的"主子"而去。而在现代公司里，如果你的老大要跳槽了，你该如何应对？

阿慧的顶头上司要跳槽去另一家公司，私下里透露消息说，想让她一起走，并说在新的公司将会有更好的发展。

阿慧五年前大学毕业就开始在这家公司工作，当时这位上司是她的部门主管，工作五年来，上司在工作上给予了她很大的帮助和支持。随着这位上司升为公司核心高管，阿慧也已经升为公司管理层。阿慧觉得，她在工作方式上已经非常适应这位上司，而且在心底里对这位上司也是心存感激的。但是作为年轻人，她刚刚在这家公司立住脚，对跳槽还是心存疑虑。

阿慧陷入了矛盾当中……

点评与建议

核心高管离职后，下属是否跟着离开取决于几个因素。如：两者分别在公司工作了多长时间；双方在一起工作时间的长短；最关键的因素在于双方对彼此的关系投入多少。如果双方在一起工作了很多年，相互非常了解，连说话也变得相似，这种高管和下属之间的互补关系会导致高管走了以后，下属的团队整体贬值，这样下属选择跟着高管离开是相对明智的。

需要注意的是，和核心高管一起跳槽，需要判断你和他的关系是私人友谊还是工作关系。如果是前者，跳槽以后会给新东家留下裙带关系的不好印象，并且私人情谊也会影响你在是否跟随上司跳槽时的客观判断。此外，新旧东家的前景如何、职位变化情况、与老上司的合作程度都是下属判断是否要跟着离开的因素。

虽然跟着原来的上司离开都有不同程度的自豪心理，因为在这些下属看来，如果自己不够优秀，那么老上司不会带着自己一道离开。然而，空降团队在新东家招致的怀疑和抵触不可能一下子消除。跟着上司到另外一个公司去，应该保持一种职业人的心态去看待，不能指望上司各个方面都无原则地袒护你。因此，作为集体跳槽过来的下属更要低调，用兢兢业业的工作态度来表现自己的优秀。

专家建议，新来的团队第一不要把自己孤立起来，要尽量去发现原有团队的优点，更好地把他们的优势和自己的优势结合起来。第二要尽量公平地对待所有的员工，让大家享有公正的工作环境。三是自己的工作思路能够尽量取得大家的理解。

跟随上司跳槽，却为人做嫁衣

在职场，选企业还是选老板是一道没有定论的命题。但对多数的职场"菜鸟"而言，选择健康发展的企业可能更为稳妥，对新人更为有利。领导跳槽带走手中得力干将的行为其实是一种职场"自己人"现象。这是为了让领导在新企业里能快速建立起一支自己顺手的团队。但同时潜在的风险也不小。

"无论去哪里，我都坚信自己的判断。"文雅递上辞职信的一瞬间，如释重负。她深深舒了一口气，整一整衣襟，泰然走出人事办公室。三个月来，在同事们眼中，文雅作为公司今年新进的毕业生，前途一片大好，却在入职没多久后自己提出辞职。

原来，文雅在上司和公司之间，选择了上司——要跟随上司跳槽了。

三个月前，文雅从大学毕业后进入了一家中韩合资的广告公司工作。公司主要经营各种商演、发布会的舞台道具制作，在上海还设有自己的工厂，无论是起薪还是业内知名度，都是时下年轻人向往的起步平台。

作为一名优秀的应届毕业生，文雅被顺利安排进了公司的核心部门操持起文员的工作。由于能力突出，很快就被大区总监看中，在还未正式签约的情况下就直接由总监亲自负责。在同事看来，顺风顺水的文雅将来的发展"不可估量"。

对于自己毕业后的"职场第一步"，活泼开朗的文雅也颇为自豪，和大学里其他学习企业管理的同学相比，入职没多久就能获得企业高层的垂青，这本身就是一种莫大的"认可"与荣誉。因为这个阶段，一般的职场"菜鸟"们最担心的往往就是能否获得周遭同事与上司的"认可"。

大约两个月前的一天中午，正在办公室加班疾书的文雅突然被大区总监余图叫到办公室。余图告诉她，自己打算跳槽去合作伙伴的公司继续当总监，问文雅愿不愿意一同前往。

当时文雅就有些傻眼，毕竟对她来说，职场新人的第一份工作才刚开始，如果只干了两个月就冒冒失失地和总监跳槽，会让自己的简历"很受伤"，以后其他公司问起这段极为短暂的工作经历又该如何应对？同时，更大的压力将源自同事们异样的目光，一同离职又一同去合作伙伴的公司，这该让单位的好朋友们如何看待她和总监的"那层"关系。

文雅经常会帮总监整理一些材料，让她感动的是，她看到大到公司的方案规划，小到自己的个人简历，都是老板利用午休时间在餐厅一笔一画手写出来的。在公司每个人都知道，他力所能及的事情都不会麻烦别人代劳，这是他的特色，同时他对事态发展的把握也是出了名的精准。

在余图找她谈话之后的一段时间里，文雅观察许久，渐渐相信了自己对余总的判断，也愿意押上自己的前途"赌一把"。

为了避免不必要的误会，也为了进一步"考察"即将跳槽的新公司，大区总监余图决定先文雅一步离职，而文雅自己也能有更多时间了解新公司的发展状况。

大约又过了一个月，文雅才正式辞职，至此，以前公司的领导和同事都不知道文雅跳槽到了合作伙伴的公司，更不知道文雅成为了前上司的助理。

跳槽后文雅担任总监助理，虽然和以前的工作内容完全不同，压力也更为巨大，但她乐于接受现在的挑战。

新公司规模不如以前的公司，单纯从企业角度讲，文雅的选择或许有些鲁莽，但从长远考虑，她相信老领导的判断，作为新人她也希望能多尝试一些岗位，多学一些东西。

文雅的新工作让她的三餐时间变得更不稳定，工作量也随之增加了很多，但如同"杜拉拉"一样，新的挑战、新的目标让她感觉收获很多，纵然前路依然难测，也不会去质疑自己的选择。

点评与建议

新人跟随领导跳槽其实也会影响自己的职场"诚信感"，让新东家质疑员工的忠诚度，对新人发展很不利。为别人做嫁衣的可能性很大，同样的，你是"你领导的人"，新东家也未必喜欢。

专家认为，对于新人而言，稳定更重要，等自己有了积累再跳槽也不迟，是金子不怕发不了光。

第三章　追随跳槽，为了报恩也疯狂

跟随上司跳槽，终成替罪羔羊

舍与得本身就是一门大学问，我们在面对选择时必须面对取舍的问题，而取舍之间需要我们保持一颗冷静与清醒的头脑，什么时候该舍，什么时候该取，要进行拿捏和决断。

在职场上，进退取舍是我们经常需要面对的事，上司跳槽让下属也跟着，就是较为棘手的一例。当上司向我们发出一起跳槽的邀请时，需要我们给他一个明确的态度，我们切不可草率地答应。不错，上司愿意带我们走，说明上司很看重我们，认可我们的能力，而且因为是旧的部属关系，彼此之间很熟悉，所以到了新单位就省去了与上司的磨合期，进入状态比较快。

但是，我们也要看到跟随上司跳槽的风险和弊端。跟随上司跳槽，在新公司同事眼里，我们是上司的人，会受到特殊待遇，所以他们会心存防备，我们不容易融入新团体中去。尤其是在人际关系比较复杂的单位，谁是谁的分得很清楚，我们跟上司跳槽后很可能陷入派系划分，新公司的人定会觉得你与上司关系匪浅，如果我们的上司受到重用还好，万一他受到排挤，我们很可能连带遭殃。

所以，我们在收到上司的邀请时要慎重地选择，仔细衡量跟随上司跳槽的利弊，做出正确的取舍。否则，盲目跟上司跳槽会使我们陷入尴尬的境界。

田真原来在一家日资企业工作，他对自己这份工作还是比较满意的。中方经理和他关系不错，偶尔大家一起聊聊天、吹吹牛，中方经理偶尔会提到有人高薪挖他的事，田真总是羡慕地说："有这样的好机会，别忘了我们啊！"

这天，经理神秘地找到田真，对他说："有一家公司请我过去，我打算过去，你也过去吗？职位上起码高一级。"田真一听职位高一些，不免动起心来。

但跳槽后的田真试用期还没过，就后悔不迭。这家新公司是比原公司的规模大，但人际关系远比过去复杂，很多看起来普普通通的人，背后却都有后台，能力一般的人也在他面前拽来拽去，这让田真心里很不舒服。而他的上司虽然是被挖过来的，但因为资历不深，所以在新公司也跟林黛玉刚进贾府一样，处处小心。

在新公司，经理和田真一样都是从零开始。为了尽早适应工作环境，经理玩命地工作；为了避嫌，他对田真要求格外严格。这样一来，田真的处境就更加尴尬了。新公司把他当成经理的人，明显地留着一手，而经理又这样对待自己……他觉得自己成了姥姥不亲、舅舅不疼的人。

更糟的是，本来经理和香港一家公司谈好了一桩买卖，但另一个部门的经理私下找了些关系，把单子拉到了自己的名下，使田真这个部门的任务量再次落后，上司无处泄愤，便把田真当成了替罪羊呈请上级处理。田真忍无可忍，提出辞职。

原公司是回不去了，田真只好另找工作。但令人气愤的是，他在应聘一家外企时，笔试成绩第一名却遭淘汰，对方给出的理由是：田真接连两次跳槽让人感觉不踏实。

点评与建议

现实职场中，和田真类似的事件还有很多，有和上司、老板合作多年的职员，因为上司有新的去处，收到邀请或者主动跟着跳槽，结果境况却不尽如人意，只好哑巴吃黄连，暗自后悔。

我们在做是否跟随上司跳槽的决定时，要冷静思考自己目前在公

第三章 追随跳槽，为了报恩也疯狂

司所处的境地和新公司所能得到的益处以及需要承担的风险等问题。如果我们不进行仔细的权衡就舍弃原来的工作，那么我们很容易像田真一样，弄得两面工作都丢了不说，找新工作还要受到质疑。

如果田真当时能够弄清新公司的基本情况，了解一下里面的人际关系，就不会轻易做出跳槽的决定，也就不会有后来四处奔波找工作的窘境了。跟随上司跳槽不是不可以，但重要的是，我们要对现实状况和未来发展有个整体判断和衡量。那么，具体哪些现实和未来状况是需要我们判断和衡量的呢？

我们最先要判断的是，上司要带我们走是出于什么目的。他是真的欣赏我们，还是利用我们增大自己的实力，还是我们与他之间有利益共同点？例如跟随上司跳槽，上司与我们分别会得到好处，基本上就可以判断出他的初衷了。如果上司带我们走不是出于欣赏的目的，我们就要谨慎地选择了，因为我们随时可能成为垫脚石。其次，我们必须考虑的是新公司各方面的情况是否能和现在的公司媲美，例如职业的前景、薪资待遇、晋升空间和机会等。如果新公司提供给我们的和现在公司提供给我们的差不多，那么还不如不跳槽。

我们要考虑新公司的人际关系，跟随上司跳槽，可能使你免去了熟悉新领导的过程，但也可能增加了你融入新团队的难度。对于人际关系复杂而我们的上司又没有根基的新公司，最好敬而远之。

另外也要考虑到，如果留守，失去了原上司的器重，我们能不能凭自己的能力站稳脚跟？如果不能，那么跟随上司跳槽后，能不能继续得到上司的赏识？

当这些问题清晰了以后，我们再做出取舍就不难了。

跟着上司跳槽，结果两败俱伤

跳槽，有人跳出了广阔天地，有的人却跳出了一幕悲剧。女白领包丽在上司许诺的"更高待遇"的笼络下，心动并行动了。谁想，半年后，她却将500毫升高浓度工业硫酸泼向了上司……

2009年3月的一天，匆忙打完上班卡，刚在格子间坐定后，包丽的桌面电话就响了，是总监斯鑫打来的："小包，你到我办公室来。"

敲开总监办公室门，坐在斯鑫对面，斯鑫一脸微笑地问包丽："在这里工作，还顺心吧？"包丽诚恳地说："在这里工作挺好的，这得感谢总监对我的帮助。"

没想到，斯鑫说："还有比这里工作环境、福利待遇更好的公司呢！"包丽一脸疑惑，不知道斯鑫何出此言。斯鑫继续说道："前天晚上，神风广告公司的老总给我打电话，让我跳槽去神风，我准备带你一起跳！"

"带我一起跳？"包丽还没回过神，斯鑫已给了她两点理由："第一，新总监也会带来他的心腹，你会从一个业务骨干变成一个边缘分子；第二，多带几个人一起跳槽，我好跟新老板谈待遇。"

见包丽一时半刻回不过神来，斯鑫再三叮嘱："你回去好好想想。跟我一起走，绝对是共赢！"

回到自己的办公桌前，包丽的心里很乱。她想，自己在公司发展得这么好，深得领导器重，待遇也不错，没有理由跳槽啊！可是，自己是斯鑫一手带出来的，她对自己有知遇之恩，还承诺给自己光明的前途和更高薪水，她的好意怎好拒绝？包丽左右为难，决定征求男友郝智的意见……

包丽与郝智是在大学校园里相恋的。2003年9月，包丽离开山东农村老家，来到某师范大学读广告学专业。在一次活动中，认识了同校计算机专业的郝智。郝智来自江苏农村。这对贫穷的恋人决定相互扶持，在大学校园里撑起一片天空。2007年年初，即将大四毕业的两人参加了本校的研究生考试。孰料，郝智顺利考上了，包丽却名落孙山。两个人最后决定，暂时由包丽先工作，赚钱供郝智读研，等将来郝智毕业了，再赚钱供包丽考研。

2007年10月，在一幢高档写字楼的十二层，包丽接受了该公司企划部总监斯鑫的面试。两天后，她接到了人力资源部的电话，通知她去上班，底薪1600元，另加业绩提成。接完电话，包丽抱着郝智又是跳又是叫，高兴坏了。

平静下来后，包丽觉得，其实这次的工作机会，源于斯鑫对她的鼓励和信任。她决定以后除了"给力"工作，还要"力挺"这位上司。

事实证明，斯鑫确实是包丽的职场贵人。刚进公司时，包丽连企划书的正确格式都不知道，是斯鑫帮她一字一句改出来的。那天下班，出于感激，包丽邀请斯鑫吃饭，结果，那顿饭居然是斯鑫抢着付了账。斯鑫豪爽地忠告她："留着你刚发的薪水去买一件品牌衬衣吧，别老穿印字T恤和牛仔裤了。职场是很势利的，在某种程度上，不仅'看人下单'，而且'观衣下单'。"包丽听罢，受宠若惊，不禁热血澎湃，含着眼泪频频点头……

此后，企划部的大型文案，斯鑫一般都会交给包丽，她对包丽说："不会做不要紧，只要敢挑战自己；遇到不懂的事情，随时欢迎找我……"包丽对于斯鑫的帮助和赏识，除了感激和卖力工作，找不到更好的报答方式。

这天下班后，包丽回到了她和郝智的出租屋，向郝智征求跳槽的意见。郝智听后，立即反对："你听信上司的一番话就贸然跳槽，风险太大了！"

思来想去，包丽也决定拒绝斯鑫的好意，可碍于面子，她又实在找不到合适的机会开口。

几天后，斯鑫再次找到包丽，问她是否打定主意。包丽不知如何拒绝。斯鑫见状，继续晓之以理动之以情："神风广告公司在业内是响当当的大牌公司，这不需要我再啰唆了吧。这么好的机会，你怎么能轻易错过呢？我知道你留恋现在这个公司，可我在这家公司拼到这个位子也不容易，我肯定比你对公司的感情深。正所谓'人往高处走'，年轻人要有勇气挑战自己……"

包丽被斯鑫说动了心，而且她转念一想，过去自己不是总想着要报答斯鑫吗？现在正是报答的时候。2009年5月初，包丽向公司递交了辞呈，跟着斯鑫一同跳槽到神风广告公司。斯鑫任企划部总监，包丽任文案专员。

在神风公司的第一个月，包丽跟斯鑫配合得十分默契，工作特别卖力。可是，第一个月底薪仅1300元，加工作绩效1700元，一共才3000元，比原来的公司少了500多元。包丽当即跑到斯鑫办公室，问其原因。

斯鑫突然被包丽追问工资，一时无法解释，只好暂时安抚她："你先别急，我跟老总提过了，究竟是什么原因，我弄清楚了再告诉你。"

包丽怏怏离去后，斯鑫开始为难了。当初之所以怂恿包丽跳槽，她是想在神风公司有个心腹，其实对包丽"更高的工资和光明的前途"的承诺，她自己也没把握。无奈之下，她只得对老总说了许诺高薪"挖"包丽的事。老总委婉拒绝了她："公司有薪资标准，谁也不能例外。"

斯鑫这才感到了乱开空头支票的麻烦，可是她不好跟包丽明说，

> 第三章 追随跳槽，为了报恩也疯狂

只能继续安抚包丽："老总说，第一个月就提高工资会引起其他员工不满，工资会慢慢加起来的。"包丽心里很不高兴，但也不好多说。

随后三个月的发工资日，满怀期待的包丽一次比一次失落——工资始终在3000元左右徘徊。当她再次鼓起勇气跟斯鑫提起工资时，斯鑫开始不耐烦了，但还是极力安抚她："加工资得慢慢来。当初在那个公司的时候，你的工资不也是慢慢加起来的？"斯鑫这么一解释，包丽更加不舒服了。

2009年10月初，包丽领到第五个月工资仍是3000元。她知道，自己被斯鑫忽悠了。这天晚上，她忍不住向郝智发起了牢骚。正在准备论文的郝智被她唠叨得十分烦躁："当初叫你别跳，你非要跳！现在工资少了好几百元，还落了个心理不平衡，这就是你跳槽的代价！"包丽被男友责怪后，更加郁闷了。随后，两人恋爱以来第一次争吵。

与此同时，斯鑫来神风公司这五个月，她所负责的企划部的文案常常被别的公司盗用。经过调查，包丽发现是被炒掉的原企划部总监在搞鬼，他安插的内线出卖了公司机密，无奈没有真凭实据。斯鑫向老总反映情况后，老总却认为她是在为自己找借口推脱责任。包丽为斯鑫打抱不平，又找老总谈过一次。老总批评她说："知道什么叫公私分明吗？你们两个事没做好，却找出这么多理由。你也有责任，一个下属不好好帮助上司完成任务，反倒跑到我这里讨价还价，你要搞清楚自己的身份……"包丽被训得哑口无言。

2009年年底的一天，业务销售部将企划部制作的文案拿给客户，客户不满意。业务销售部总监与斯鑫发生了争执。包丽见状，立即上前帮斯鑫解释，结果与业务销售部总监发生了激烈的争吵，在公司造成了不良影响。

老总了解情况后，认为包丽有错在先，于是，第二天就召开了全体员工大会，当众点名批评了包丽，说她"不尊重领导，不把心思用在工作上，搞一些钩心斗角的小动作……"

包丽十分委屈，她想自己是帮着斯鑫说话，才得罪领导的，斯鑫总该来安慰自己几句吧？岂料，斯鑫从此像躲瘟神一样躲着她。斯鑫深知职场忌讳帮派，而包丽却认为为朋友就该两肋插刀，自己如此帮助斯鑫，她一定会感激涕零地为自己申请升职和加薪。

很快，现实又给包丽当头一棒。2010年春节，公司领导层做调整，斯鑫成为分管业务和企划的副总，企划部总监的位置空了出来。包丽心想，斯鑫当初许诺自己提工资、当部门总监，工资没提高，企划部总监总有希望谋到吧？如果担任总监，起码工资不会低于原单位的，自己也算熬出头了。

为此，她特意买了水果到斯鑫家里拜访。斯鑫清楚包丽的来意，安慰她说："我会极力推荐你，不过还要老总点头。"

没想到，包丽的如意算盘再次落空。2010年4月底，公司提拔的企划部总监不是包丽！包丽非常失落，回家与郝智又大吵了一架。郝智一气之下，从出租屋搬回了学校居住。

"都怪斯鑫！要不是她骗人，我现在不会落到这种处境！"包丽既后悔轻信了斯鑫，又怨恨斯鑫对她的忽悠。

2010年5月，包丽来到学校向郝智求和。郝智说："你跳槽已成事实，再去探究当初已没有意义。你现在要做的是在神风公司好好表现，争取用业绩赢得更高的薪水和职位，不要动不动就回家对我发脾气。"

包丽一下子被这句话惹火了："我向你发脾气怎么了？你怎么知道我没有行动？你是个男人，这点包容心都没有吗？"郝智见包丽还是像小孩子一样无理取闹，便拒绝搬回出租屋。

还有一次，包丽在电话里再次与郝智发生了激烈的争吵，她气得把电话都摔了，她不知为何男友丝毫不能包容他，她不知此时男友正在为论文焦头烂额。

当包丽从座位上起身到饮水机处接水时，一不小心踩到了垃圾桶

第三章 追随跳槽，为了报恩也疯狂

边上的一块香蕉皮,结果摔了个人仰马翻。对面的女同事见状哈哈大笑。包丽本来心情就差,这下子火气更大了,冲女同事吼了两句。女同事就阴阳怪气地说:"怎么,被人甩了找我来发泄,我可不是人人可捏的软柿子!"这句话刺痛了包丽,她冲过去一把抓过女同事衣领朝她的脸上扇了一巴掌,两人随即扭打成一团。

事后,为平息众怒,斯鑫当众严厉地批评了先动手打人的包丽,并按公司的规定,扣了她200元工资。

包丽气愤极了,心想:别人欺负我,你也和我过不去!事后,包丽想到斯鑫那样做是为了维护她的公正形象,私下里肯定会给自己一个解释,也就暂时忍了下来。可没想到左等右等,都不见斯鑫来找她,不禁十分愤恨。其实,那几天斯鑫为公司的事忙得焦头烂额,她本来也想过找包丽解释一下,没想到一忙就耽搁过去了。

从此,包丽对斯鑫和部门总监有了严重的抵触情绪。2010年6月初,部门总监安排她设计一个路牌广告的文案,包丽顶撞道:"我有自己分内的事,你想做你自己做。"

"我叫你做你就得做,你不做不要怪我不客气。"部门总监对包丽早有看法,心里非常生气,两人当场吵了起来。最后,事情上交到斯鑫那里处理。由于包丽毫无道理,斯鑫再次扣了她200元工资,并且内部通报批评了她。

包丽更加气愤难平。收到处分决定,她闯进斯鑫办公室责问:"斯总,你什么意思?"

"这样的低级错误,我怎么能够偏袒你?"斯鑫反问包丽。包丽自知没理,不好较真,又转移到跳槽的话题上。"我可不是骗你,都怪你自己太急。提部门总监的事,我一再向老总提你,可老总说你那么计较工资,对你印象不好,硬是不同意。我也没办法。"斯鑫如实相告。

包丽情绪失控了:"要不是你当初一再许诺,我不可能辞职。你既然许诺了,我肯定问你要。你没有能力,就不要做超出能力的事!"

斯鑫也生气了:"你真不识好歹!我一直帮你,你却这样跟我说话。你不是三岁小孩,自己没有脑子吗?我叫你做什么就是什么?我叫你杀人你就去杀人吗?你想做就做,不想做就辞职!"

第二天,包丽写了一份辞职报告,但心里却期望斯鑫能够挽留自己。没想到,斯鑫不仅没有安慰和挽留,而是当即批准了她辞职。

包丽无奈地办了移交手续。离开公司那天,斯鑫对她的离开视若无睹,包丽气得发抖。与此同时,得知包丽意气用事把工作给辞了,郝智更是气得抓狂,彻底不理包丽了。此时的包丽,失业的痛苦却无人可诉。

这天,包丽失意地从一家人才市场走出来,恰好碰到了从一座大厦里走出来的斯鑫。斯鑫没有理睬包丽,转身钻进了一辆轿车。望着绝尘而去的轿车,包丽对斯鑫的怨恨越发强烈。也就是在那一刻,她决定报复斯鑫!包丽购买了一瓶500毫升的高浓度工业硫酸。

次日早晨,她戴着帽子和口罩躲在神风广告公司所在的写字楼入口处。当她看到斯鑫正向大楼走来,便迅速跑过去,将硫酸泼向了斯鑫的脸部,随即逃之夭夭……

120救护车赶到将斯鑫送到医院抢救。随后,警方介入调查,很快便确定了犯罪嫌疑人包丽。当日下午两点多钟,警方在位于某小区的出租屋内将包丽抓捕。包丽对犯罪事实供认不讳。目前此案正在进一步审理中。

当斯鑫得知是包丽下的毒手后,痛哭不止,为当初邀她跳槽"只报喜不报忧"的举动后悔不迭:"当初邀她一起跳槽时,我真应该实事求是地向她说明新公司的真实情况,讲清楚跳槽存在的风险。这样的话,她就不会带着过高的期望值跳槽,在新单位工作不顺心时,不会心理失衡!"

第三章 追随跳槽,为了报恩也疯狂

与此同时，身在看守所的包丽也后悔不迭：如果当初不跟着斯鑫跳槽，说不定我已在新总监的挑剔、约束与鞭策下，有了一番新的作为……

值得一提的是，包丽出事后，郝智从未去探望过她。

斯鑫全身烧伤面积高达20%，面部、胸部、大腿严重受损，左眼失明，需要分五期进行植皮治疗，至少需要两个月才能出院，而后期整容手术，则需要在一年以后才能进行。

点评与建议

本案中上司为了自己的利益打算，竟然蛊惑下属一起跳槽，事后也不关照她，确实很不地道。另外，跳槽本身就有风险，跟随上司跳槽的当事人应该冷静分析，不能感情用事，既然跳了，就应该赶紧安定下来，想办法把工作做好。如果将所有责任都归结于上司的鼓动，理由显然也是不成立的。

职场专家给追随跳槽者的忠告

多人遇到上司盛情相邀跳槽去新公司的时候都会有所困惑。一方面,上司的邀请是对自己工作能力的一种欣赏和肯定,同时也说明上司把自己看成是自己人,器重自己,愿意给自己机会,以后的工作中有了上司的多方提携自然也会顺利很多。同时,新公司所提供的职位和薪资也往往比现在的公司要理想,或是发展空间更大。但另一方面,自己已经在原公司辛苦打拼了多年,好不容易扎下根来,工作也进入状态了,得心应手,说不定很快就会有好的起色,如果这个时候跳槽去了新公司,等于自己这么长时间以来所做的努力都白费了,一切又得从头开始。

面对困惑,究竟是跳还是不跳?有些人由于心存对新环境难以适应的担忧,或者考虑到自己在原公司也可以有不错的发展选择继续留守,大多数人抗不住诱惑,还是会选择跳槽,有些时候甚至连他们自己都说不清理由。

要不要随上司跳槽,已经不再是职场中个别人所要面对的问题。不管你做何决定,都应该建立在有利于自己整个的职业生涯规划之上,否则很容易多走弯路。而跳槽前的决策分析则是跳槽能否成功的关键之一。

职场专家认为,当你因为要不要跟随上司一起跳槽而犹疑不定时,不妨从以下几个角度去思考:

第一,原公司和新公司综合情况的比较。

例如公司的发展前景,公司所提供的职位、薪资情况,在公司的晋升机会等，这些是首先必须考虑的问题。应该对自己在原公司的发展状况有清楚的定位和了解，对自己在新公司可能遇到的问题和发展契机也应有比较全面的预见和准备。

如果自己目前在原公司有着良好的人际关系和不错的工作业绩，同时公司也能提供很好的后续发展机会，那么对跳槽的问题就更应该谨慎考虑。如果认为自己目前在公司发展得不尽如人意，那么就应该分析一下究竟是自己的问题还是公司的问题。如果是自己的问题，那么就应该从自己的身上找出解决的办法，而不是寄希望于换一家新的单位，要知道，自己的这种问题也很有可能带去新的公司，从而造成新的不快。如果是公司的问题，那么就应该考虑这种问题是一时的，还是会永久持续的，是可以协调解决的，还是不可调和的。如果问题出在公司，而且对自己整个的职业生涯发展有比较大的负面影响，那么跳槽也许是个不错的选择。

第二，暗自问问自己在职场上究竟要什么。

一个团队的带头人走了，无论他有没有要下属跟自己一起走，其他人也会放下手头的工作想一想，是不是发生了什么大事自己还没发现，这也是整个团队最容易发生动摇的时候。这个时候对于个人而言走还是不走，专家认为，主要是由其价值观决定的。

如果这个人很重视情感因素，认可上司的管理方式，那可能会毫不犹豫地跟着上司一起跳槽，因为在他看来"反正不管怎样都跟定你了"，你跳我也跳。还有一类人，自己有明确的职业生涯规划，如果他认为上司去的新公司适合自己，上司的邀请正好为他借力。如果他认为新公司对自己的职业发展不利，那么即便是上司三顾茅庐也别想请他出山。甚至有些人会把上司跳槽看做自己在原公司晋升的机会，他们会不断怂恿上司跳槽，信誓旦旦跟着上司一起去打江山，但是最终最坚决留下来的恰恰是他们。

在职场中，这两种极端的情况都会出现，但并不多，大多数人还是属于"混合型"，会综合比较多方面因素。不过这种比较的结果往往会有偏差，因为大家考虑人的因素太多，但职场中人的因素恰恰是最不可靠的。

第三，思考上司邀请你一块跳槽的原因。

上司邀请你一块跳槽，是出于上司个人的目的（比如出于上司个人对原公司的报复心理，挖公司墙角或者以此增加自己与新公司谈判的筹码），是利用自己，还是出于上司对自己的欣赏、肯定；是出于私人交往关系为自己提供更好的发展机会，还是出于上司和自己存在共同的利益？考虑清楚这一点可以帮助自己更清楚地认识现状，更清醒地做出选择。

第四，想想上司，他自己站稳脚跟了吗？

跟着上司跳槽，"背靠大树好乘凉"常常被认为是重要的加分因素，但这很可能是下属一厢情愿，事实未必真的如此。无论职位高低，进入一家企业，肯定要有一个适应过程，你的上司也是如此。他自己的脚跟还没有站稳，你这个老部下就跟着过去，只能给上司融入新的企业带来更多的阻碍。一般来说，一个人融入一家公司，需要三个月至六个月的时间，如果是一个团队那肯定时间会更长。

其实，成败早在跳槽之前就已决定了，只是有的下属太盲目，在看不清上司为什么跳槽之前，自己已经跟着走了。换句话说，即便你真的想追随上司，也要等上司站稳脚跟之后再说。决定跳槽成败的关键因素是人的适应性，往往是工作能力强、环境适应度高的人和工作能力一般、环境适应度低的人容易跳槽，但后者通常换了公司一样干不好，如果你的上司恰恰是这样的人，那么还是不跟为妙。

另外，如果上司邀你一起跳槽，不妨在心里多问几个为什么。那么多下属为什么偏偏选中我？他会不会是找我去当垫背的给他壮胆？新公司真的有发展吗？聪明的上司不会在自己还前途未卜的时候就对下属发出邀请，带着下属跳槽不乏成功先例，但都是经过较长时间循序渐进完成的。例如某企业曾引进了一位财务总监,这个人就相当聪明,稳扎稳打,搞梯队建设,逐步把老部下招至麾下。一年左右的时间,这家企业的财务部门居然都换成了他自己的人,连老板都佩服他的手腕。

第五,跳槽之后要扎好根。

需要提醒的是,跳槽易,扎根难。跳槽之后能否成功,更多的是看跳槽到新公司后的发展,这时候,让自己尽快融入新环境的处世技巧也是值得注意的问题。比如跳槽后千万不可以有高傲的心理,应把自己的优秀以更加兢兢业业的工作态度反映到新事业中去。不要在新单位的上司和同事面前大谈过去的单位给你什么样的待遇,也不要说如果自己留在那里会有怎样的前途,更不要因为不满而数落前单位的种种不是;不要参与职场中复杂的帮派关系,更不要带走原单位的一些材料、客户资源或者是核心技术;不要为了促进新职场人际关系,而向同事透露不该透露的职业机密。这些做法只会适得其反。

总之,一个人期望有个更好的发展这很有必要,但如果你想通过追随上司一起跳槽来实现更好发展,那跳槽之前请务必三思,特别是要考虑清楚你的新目标是不是在你的职业生涯规划之内。

第四章
追金跳槽，贪婪欲望也疯狂

希望能够通过跳槽来得到更高的报酬或者职位，这是人贪婪的一贯本性，我们本不足怪，但在欲望的背后，当贪婪遇到盲目，我们便只能说声抱歉，因为他们很快便会为此付出代价。当然，要非说是为了理想为了目标，也可以。只不过就会让别人觉得看起来挺假，其实也真假。跟贪婪有关的，永远不是东西，它举着愚昧的幌子，带领我们游向欲望的彼岸，苦海无边。

跳槽让薪水面临"过山车"

人在职场，谁不希望自己的薪水"年年有进步"？可惜有时往往事与愿违，有些人刚刚拿了高薪，没几个月就陷入了失业中，匆忙中临时找份工作，薪水自然一落千丈；有的人"三年河东，三年河西"，一段时间日子好过年年加薪，一段时间停滞不前甚至"明升暗降"，薪水时高时低，上下起伏，犹如坐过山车一般。

薪水为何会乘上"过山车"呢？造成收入波动的原因有很多种，有些是因为大环境的变化而无法避免的，如整个行业不景气，或者公司遭遇困境，这对个人来说，事出无奈，只能被动接受。但是有一些原因却跟自身有关，如有的人负气跳槽、盲目转行等，也会造成薪水波动。人力资源专家表示，如果是因为周期性行业的波动，只有靠不断加强自身实力，等待下一个反弹机会；而对于一些由于自身因素造成的薪水波动，则应慎重对待。

侯全毕业于北京一所高校，并顺利进入一家合资公司，在行政部做职员。刚进入公司的那段时间，侯全非常卖力，在业务方面也肯下工夫钻研，工作能力得到了公司领导的赏识，因此半年之后，便进入人力资源部。

在人力资源部工作了近一年时间之后，侯全升任招聘专员，开始负责公司人才的选拔招聘，在此岗位上也发挥得很是不错。但在此后的两年时间内，公司已经进入平稳发展时期，很少有人员进出，因此侯全在招聘专员职位上一直没有变化，而薪水也一直在6000元左右徘徊，这让他感到有些不甘心了。

一次偶然机会，侯全从自己朋友那里得知一家私营企业招聘人事主管，于是准备了一份简历投递了过去，并马上得到了回应。他迫不及待地向原公司递交了辞职报告，很快来到新公司上班。

由于侯全以前没有人事主管的工作经验，试用期内，并没有完全发挥出自己的能力，以至于老板对他的能力产生了怀疑，因此向他提出了苛刻的条件：想留下可以，但是月薪只有4000元。一时没有更好去处的侯全只能暂时委屈自己，而别无他法。

在其后的两年时间内，侯全为了找到合适的公司，频繁跳槽了四次，而月薪也在2000至4000元之间波动，再也没有回到过6000元的高点。

点评与建议

类似于侯全这样的职场人士，由于跳槽不慎导致薪水缩水，这在职场上并不少见。

一般情况下，如果长期在一家公司工作，随着工作经验的积累、能力的不断提升，公司会根据实际情况予以升职，并适当加薪。但是，如果频繁跳槽，就等于将原来的积累部分不断地"删除"了。因此，一定要避免频繁跳槽的情形。

所以职场人士一定要培养"定力"，在一个领域里坚持不懈地努力做下去，总会获得很高的回报。就如国外一些著名的企业，永远只生产自己熟悉的产品一样，精益求精，最终成为行业老大。而坚持在一家公司工作，双方都有很好的了解，随着能力的提升，收入上涨也会水到渠成。如外资企业每年都会加薪，幅度在5%至10%之间，这对于长期坚持下来的员工来说，是一种奖赏。

跨行追金，想说爱你不容易

伴随人们职业选择的多元化，跨行跳槽日渐增多。不过，跳槽原本就风险重重，离开原来熟悉的行业转入新行业，风险更大。跨行业跳槽要想取得成功，要结合每个人的专业、工作经验、职业兴趣、个性等多方面因素全面考量，才能规避风险，做出科学的决策。

伊玲大学毕业后在一家消费品公司做销售总监助理，去年底，她在猎头的建议下，跳槽到一家德国生物科技公司担任总助。当时，猎头开出了30%的加薪，这最终让伊玲动了心。虽然她也担忧过英语专业毕业的自己能否适应生物医药这样一个技术领域，但她自认为四年多的工作经验足以让自己应对新工作中的各种问题。跳槽前，伊玲也对新行业做了一些研究——留意最新信息，学习相关知识，还包括向在该行业工作的朋友沟通交流。

到新职位后的第一个月，伊玲很快与周围同事关系熟络起来，对总经理的个人风格和习惯也开始留心。第二个月，总经理对伊玲的表现很满意。她想，功夫不负有心人，于是踌躇满志，工作更加努力。然而，好景不长，随着时间的推移，伊玲很快发现了问题。一方面，有很多之前自以为能够游刃有余应付的事，做起来并不容易。这其中有专业知识欠缺造成的困难，也有未深入了解公司内部结构关系带来的困扰。伊玲常常对老总交给她处理的一些技术方面的文件阅读困难，对老总的业务也缺乏深入的理解，有时甚至会闹出一些笑话；另外一方面，对于她这样一个缺乏专业背景的人，公司能够提供给她的上升空间实际上很有限。

入职大半年，伊玲觉得工作很累，觉得也许还是快速消费品行业更适合自己。"我的跨行业跳槽是对的吗？"伊玲常常这样自问，却百思不得其解。

点评与建议

伊玲的经历其实反映了很多职场人在跨行跳槽时普遍会遇到的问题。诚然，四年的工作经历为伊玲积累了丰富的职场经验，在加薪的诱惑下，伊玲做出跳槽决策在情理之中，然而，不能不说，她对转行跳槽的风险预估并不充分。

专家认为，伊玲在先前的位置上做得比较出色，说明她比较适合该行业及所在岗位，但这并不意味着这种出色能够复制到其他的任何领域。可以说，伊玲抛开了自己最擅长的领域，为了转型而转型，忽略职业生涯的可持续发展，最终导致了对新行业的不适应。

职业转型是职业人为获得更好的发展空间而采取的一种策略，该不该转、往哪里转、怎么转，这都需要进行仔细考虑、科学评判。一般来说，跨行业跳槽前，最好能深入地思考并问自己：我充分估计了自己的优势与不足吗？我对未来的发展方向坚定不移吗？我掌握了新平台的全面信息吗？如果这些问题没有给到自己清晰的答案，跨行跳槽的风险往往难以控制。

通过伊玲的案例分享，专家提醒职场人，跨行跳槽前，四大"必修课"要重点研修：

一是清晰定位，评估自身的含金量。不能准确地为自己定位，不清楚自己的各项能力孰强孰弱，只是盲目跟风或跟着感觉转行是肯定行不通的。自己的核心竞争力、职业性格、职业倾向等一系列因素都要考虑到，怎样让自己过往的从业经历实现可持续发展，这也是要考虑的问题。因此，要先给自己一个清晰的定位，这是伊玲当前需要解决的问题。

二是充分准备，深入了解目标行业。大多数人都会"这山望着那山高"，实际上每个行业都有它的优、劣势。只有深入了解该行业的现状、前景及发展趋势，选择可持续发展的行业，才不会误了前程，也能给自己提供更大的发展空间。对伊玲来说，在明确职业定位后，还需要大量收集目标行业的信息，了解自己与目标岗位的差距，弥补不足，为跨行跳槽做好必要的准备。

三是运用工具，分析新平台适合度。寻求自己进入新行业的岗位切入点，即通常意义上的共同点。一般来说知识技能、客户群、工作模式三项中有一项具有共同点则转行难度较小。如果心存疑虑的话，可以借助一些专业的测评工具，对自我进行深入的认识，通过职业规划专家的测评解读后能发现，自己在新平台的适合与匹配度有多高，以免因个人特质与新职位不符，跨错行跳错槽，造成职业生涯发展受阻。

四是借助外力，制定长远职业规划。在同一领域做得时间越久，年龄越大，有时意味着转行难度越大。但一旦认定了新的方向是正确的，就要积极行动，等待、观望的时间越长，付出的代价也可能越大。如果将跨行跳槽看做是职业生涯的一次再投资的话，事情就变得相对简单——"我并不是在换工作，而是在对一个新领域进行投资"。

伴随经济发展，国内的职业市场越来越丰富、越来越有活力，为职业人提供了更多、更丰富的选择机会，跨行业跳槽因此日益成为一种新趋势。然而，跨行业跳槽所承担的风险系数巨大，在决策前，务必三思而后行。当自己拿不准主意时，最好能寻求专业的职业规划机构的帮助，借助专业人士的力量，确认跨行跳槽的可行性，请教如何更好地规避风险，并结合新行业的特点，尽早为自己制定长远的职业规划。

总之，转行不是目的，只有妥善做好自己的职业规划，才能为自己找到一个可持续发展的职业增长点。

追求个人价值，出现心理落差

大凡有一些才能的人，都是些不断寻找职业机会和舞台的演员。心有多大，舞台的需求就有多大。这是人心所致的客观事实。其实，对于所有职场人来说，人的这种需求是一层一层向上跃级的，只有理性的跳槽才可以满足职场人阶段性的需求。

张小姐大学国际贸易专业毕业后，到一家外贸公司做经理助理，负责处理出口事务以及客户协调。

三年后，张小姐对这类业务已非常熟悉，找机会跳槽到了一家大规模的美国公司，任业务主管。

全英文的工作环境使她出色的英语能力派上了用场，进出口业务管理工作也让她的组织和协调能力得到了很大提高，为此老板也多次给予加薪。

但张小姐并不满足，她在该岗位已游刃有余，渴望工作内容、职责范围、工作专业度都能够提升到更高层次，有更广阔的空间和展示才能的舞台。这样想来，"跳槽"的愿望频繁出现在她的脑海……

点评与建议

张小姐个人的职位、薪资以及能力都已达到了一个饱和，看不到提升或进一步发展的空间，而相比周围的人与事的变化和差距逐渐增大，她的心理出现落差。

类似张小姐的这种职场落差主要体现在职位上的差距和财富上的差距，这是直接导致"寻找待遇更好、发展更好的生路"跳槽的客观因素。

在现实生活中，由于职位与财富上的现实差距，使很多人客观地评价和预测自己在现实与未来的生活位置，以及优势、劣势、风险、危机。面对自身的实际情况，当发现只有通过提升自己的特长优势才能更有效地提升自己的职位和财富时，就期望加强学习与相关能力，就像张小姐那样，决定到一个新的工作环境任职。

其实，在很多情况下，新的职位不一定是归宿，最多是一块跳板，一块可以跳到更高职位、获得更多财富的跳板。当这样的跳跃不能达到预期目标时，新的心理落差又会出现，因此陷入新一轮的循环怪圈。可见，追金的欲望与现实的矛盾是必然存在的。

如何处理和协调这样的矛盾，除了技术性措施之外，最主要的是树立正确的金钱观和财富观。当然，这是另一个话题，需要专章讨论。

为加薪跳槽，更增失落感

对于加薪或者晋升，都是职场一直以来生生不息的话题，想要跳槽的人，多半是因为工资待遇低下，没有上升的可能了，那么跳槽就真的可以涨工资吗？换句话说，不跳槽就没有机会涨工资了吗？

嘉欣供职于一家规模和实力还算不错的广告公司，从事着文案策划工作，问起嘉欣对现在工资的满意度，她特无奈地笑着说，无论满不满意近阶段都不想再跳槽了，这几年没少换东家，而薪水呢？几年都处在同一层次没有太大变化。28岁的嘉欣连个人婚姻大事都忙得顾不上了，略增的薪水根本上没有太大地改善生活现状，仍然一个人苦撑着房贷压力。

嘉欣称在近三年的时间里，在本应沉淀和积累的时期，频繁同级跳槽，到如今已经换的第六家公司，每次都待不了半年。广告这个行业要的就是推陈出新，经常伏案工作到半夜，周末持续不休为赶策划案，但是到月底拿到的回报薪资实在是与付出相差太大，她受不了这种落差于是恶性循环地跳槽到如今，虽工资略有涨幅，但是仍然一如既往地昼夜劳碌。

最近公司连续完成几个大项目，作为团队领军将士，嘉欣以为加薪奖励无论如何跑不了自己，哪知道上周开会，老板一视同仁不分高低地奖励了整个团队，并提出下月双休改单休勤赶工。变相地加大劳动量让嘉欣疲乏不已，任职半年的她对公司没有太多的归属感，无奈跳槽的失落感愈增愈强，让她总不知道自己的明天在哪里。

第四章 追金跳槽，贪婪欲望也疯狂

点评与建议

加工资无疑是最刺激职场人士的激励措施，也是老板们留住人才稳固精兵的职场战略方法。在"金九银十"的黄金求职季，有不少职场人已经打着跳槽的小算盘，但是无论是走是留，单从薪水角度考虑，诱惑到了多大程度才会选择跳槽，是不是不跳就没机会加工资？从每年的时间上来说，"金三银四"和"金九银十"的确是跳槽的黄金时期，这两个时间段是企业用人的高峰时段，加上很多人起跳，市场上自然有很多好职位。但是，盲目地为加薪而跳槽，并不一定利于个人的职业规划。嘉欣的例子就很好地说明了这一点。

每个人应该充分了解新公司的规模、文化、背景、经营理念和发展规划，从而判断出除了加薪这个显而易见的"饽饽"，新公司的职位是否更能体现个人的能力和价值，后期的上升通道是否有客观被限制的地方，这样才能通过跳槽实现薪酬和个人发展平台的双双提升。

怎样才能加薪，又能够升职呢？很多职场人士都在考虑这个问题，当然不是一次跳槽就能说事儿的，但是如果你目标明确，根基打牢，就会越跳越高！

高薪没得到，"官"也跳丢了

俗话说，人为财死，鸟为食亡。跳槽求高薪，天经地义。对于很多职场人来说，这是永不变更的生存逻辑。然而，这个逻辑真的是天经地义？真的无往不利？专家认为，理性的跳槽者至少要做到三点：有目标，静下心，沉住气。首先，要找到自己在职场上的位置；其次，要在不同发展阶段，抓住不同重点；最后，要摆正心态，多学习，多积累，总有厚积薄发的一天。

为高薪跳槽，没错，但却不是百分百靠谱。如果为高薪跳槽结果却得不偿失，那就太不应该了，因此绝对不可对此掉以轻心！

A君是IT技术科班出身，曾经做技术总监。从毕业至今，他一直在这个领域摸爬滚打。

A已经在这家公司待了两年，本想着这次自己终于能等到升职加薪的机会，结果没想到公司组织管理调整，这事被搁置起来。A非常沮丧，几次找上司侧面打听也没什么结果。A心想，事已至此，只能是寻找新平台，起码还能给自己谋个高薪，运气好点还能挣个主管的位子，何必在这里等死呢？

抱着这样的想法，A愤而辞职。可他没想到的是，这一跳却跳"空"了。找工作时A才发觉，中高端的职位在人才市场上很少，而且现在企业在招聘中对薪资福利待遇的考虑都很理性，不是随随便便就能做成"高薪梦"的。

A也不甘心屈就，从普通岗位做起，所以一直挑剔、推托，结果几个月过去了工作还没定下来。

第四章 追金跳槽，贪婪欲望也疯狂

后来，A从前同事那里了解到，就在他走之后不久，过去的竞争对手升职成了主管。A一听整个人都懵了，自己提前放弃，可是没想到却把晋升的大好时机给了对手！

一晃离职已经三个多月，不知是不是心态的问题，A连份像样的工作都没找到。他一再想到之前本来"到嘴的肥肉"，却因自己心急错过了，肠子都悔青了。

点评与建议

像A一样为了升值加薪而跳槽的人数不胜数，几乎每个职场人都会有一两次为升值加薪跳槽的经历，认为跳槽是升值加薪捷径。其实这和投资一样，收益越大，风险往往也越大，尤其是跳槽过程中还有很多短期内看不出来的隐患，总在你掉以轻心时爆发。

针对A君存在的问题，要如何沉下心来达成职业生涯的目标，而不是为了几斗米折了前程？专家指出，应该从以下几个方面来认识和着手：

一是不同发展阶段，抓住不同重点。A君的问题在于，急着要达成目标，急着要成功，没有从长远发展来看。职业生涯发展处于成长期时，是你静下心积累和学习的时候，那么在选择工作平台上，重心不建议放在报酬上；待到发展进入稳定期，你的技能、经验和心态积累到一定程度，并且此时已有养家糊口的任务时，那么升值加薪就是着重考虑的问题。如果前面没有搭好台阶，后面不会有"空中楼阁"的奇迹。

二是找准目标，做事心无旁骛。找准目标，也就是要做好职业规划。其中最关键的是要做好职业定位，找到你在职场上的位置。到底什么工作适合你，这就要在你自身上找答案，从你的兴趣爱好、能力特长和自身价值观入手，并与就业机会结合起来找答案。一旦确定职业目标，就要以此为中心，坚持不懈地走下去，用心无旁骛的钻研劲头，锻炼出令四方臣服的能力，升值加薪岂在话下！如果A君在发现原计划被取消后，能沉住气坚持做技术，结果可能会大大不同。

三是摆正心态，宁静以致远。心态的成熟，也是职场上所必须修炼的内容。等过了十年二十年再回首，薪资职位不满意这样的问题，可能是职场上不值得埋怨和不满的问题了，因为在职场上竞争、打拼，困难和阻碍何其多，为这点事带乱自己的步伐，又如何应对其他问题？减少浮躁，多学习，多积累，韬光养晦，才能有厚积薄发的一天。

总之，要想赢到最后，就绝不能因为一时的利益诱惑而忘了发展的可持续性。专家认为，找准职业定位，做好职业规划，将眼光放长一些，看远一些，才可能完成最初的"使命"，并能拯救自己于"危难"和陷阱之中。

第四章 追金跳槽，贪婪欲望也疯狂

为求"钱"途，没了"前"途

在一个推崇个性、追求物质的时代，个人无法享受交流的快乐、无法施展自己的才干，价值得不到有效体现，必然会产生巨大的失落感。这也是当下员工选择跳槽的一个重要原因。但问题的关键在于，做出跳槽的选择需要格外理性，否则，就要为此付出代价。

小Z是某医学院临床医学专业本科毕业，2005年从医院辞职跳槽到某著名跨国医药公司做医药销售，一年半后任销售主管，职权逐渐扩大，不久任区域销售主管，至今任区域销售主管两年多，现在月收入7500元。但是小Z认为自己的能力高于现在的收入和职位，因此对现在的工作不是很满意。

最近，小Z心神不宁，原来有猎头公司正式打电话给他，为另外一家同样著名的跨国医药公司寻找高级主管。面对优厚的条件，小Z开始准备再次跳槽。

在新单位上岗之初，小Z感觉良好，认为自己找到了理想的单位。没想到，正式到岗一个月后，他便炒了老板。他觉得这里环境太差，说话要轻声细语，不能过大，打电话更要压低嗓音，生怕打扰别人，气氛紧张。只要走进办公室，就有一种莫名其妙的精神压抑感。他认为，这种环境，给他再高的收入也不能再待下去了。

点评与建议

类似小Z这种情况是最普遍的，个人因为经验的积累、能力的提升，对现状感到厌倦和不满。由于自己已经在这家公司占据了较高的职位，薪资福利、晋升空间等都处于一个比较稳定和局限的态势，但是个人能力却在不断攀升，内心常常会呈现失衡的状态。这时，当付出与回报不能够达到个人的认同和满足时，便会考虑到能支付自己更高薪资的企业去工作。这是典型的为了物质利益而跳槽的案例。

但到了新的工作环境就一定能如愿以偿吗？除了自身的努力，公司的外部环境和内部机制也是与个人职业发展息息相关的重要因素。每个公司都有一套规章制度，可以规范员工的行为也便于管理。但是如果制度没有弹性，管理者照章办事、死板僵硬，往往会束缚员工的情绪和态度，直接影响到整个公司的工作环境和氛围。而缺少积极主动的交流、沉闷而压抑的环境，对个人的发展也是极为不利的。这时，对于有长远眼光的员工来说，"前"途似乎比"钱"途更重要！

第四章 追金跳槽，贪婪欲望也疯狂

追求高薪，吊在半空成啃老

在选择企业时，"大、名、公、外"即"大企、名企、公务员、外企"仍是毕业生的首选目标。据最近的一项调查显示，在目前的毕业生中，愿意到政府机关工作的占37.5%；选择到私企、外企工作的占32.1%；选择到大型国企工作的占22.9%；而选择自己开公司创业的占7.5%。这就造成了毕业生就业难的现实问题。跟风盲从、扎堆外企、实力不够、硬冲死拼，结果大都碰得头破血流、丢盔卸甲。

李韬是个本科生，严格说起来，是个与研究生一步之遥的本科生，考研的时候，专业成绩不错，外语只差一分，本来可以列为三类，可是在"二选一"的时候，一个排在他后面的人，因为门子硬，将他挤掉，让他领悟到什么是权力。于是，李韬下决心考公务员。但是，谈何容易！

李韬连考三年，第一年、第二年，明明感到成绩不错，就是没有上线，第三年倒是获得了面试，但是，不过是多当一回"分母"而已，最终，公务员的梦还是没有实现。

但是，李韬还是不甘心，不肯脚踏实地去找工作，他认为打工就是地狱，公务员才是天堂，既然与天堂也只差一步，那就不能心甘情愿进入地狱！

就这样，李韬将自己吊在半空中，不上不下，天堂不知何年有望，啃老倒是已成现实，每月不得不向老爸要钱花。

点评与建议

像李韬这样追逐热门以便获得高薪，是年轻人择业的盲点。自己的目标还是第一位的，不要盲目跟风。年轻人还是要以提高自身素质为前提，不要盲目追求利益，理想也需要有能力来实现。

很多考生都是将国家公务员考试作为练兵的机会而已。从大学生的角度看，选择外企也是一样，基本上是出于一种思维定式，总觉得外企就意味着丰厚的薪金、舒适的环境和晋升的机会，人际关系似乎也没有国企那么复杂，外企的"造势"能力也比国企强得多。但很多高级管理人员认为在外企工作，无论英语多好，沟通还是会有障碍，无论职位多高都只是工具。而随着国内企业的不断发展，国企既能给员工提供很好的薪金还能提供更大的发展空间。所以，无论是国企还是外企，最重要的是需要对自己有一个职业生涯的规划，还有就是看哪种工作作风更适合自己。

其实，大公司和小公司各有优缺点。大公司能学到较之小公司更规范的操作流程，有更好的福利保障和培训机制，但晋升机会较少，发展也更平稳。大学生刚毕业，选择工作的角度无外乎公司规模、福利待遇、自身发展空间、能够增长技能这几点。作为大学生来说，自己的职业还是一片空白，首先要为自己定下目标，该往什么方向发展，对于选择工作也就是要能实现个人价值和目标或者是能够帮助自己实现个人价值和目标的。

总之，刚毕业的大学生不应该把金钱当作好工作的首要标准，你们要做的是更快地提升自身素质，总结自己的工作经验，对丰富自己工作经历打下良好基础。到了30岁之后，有了一定的工作经验再打破金钱与理想的平衡也不迟。其实没有完美的工作，每个工作都有它好与坏的两面，无论是在大公司还是小公司，问题都会存在。如果觉得适合自己了那就尽量去忽略它的缺点，要学会平衡和知足。

第四章 追金跳槽，贪婪欲望也疯狂

为求高薪，蜻蜓点水频繁跳

在当今人才竞争日益激烈的年代里，其中不难发现有这么一种普遍现象：很多人有着非常好的素质，甚至有的还是名校的毕业生，因为不懂得去规划自己的职业，在工作多年后，依然拿着微薄的薪水，为了寻求一份好一点的工作依然在到处奔波。

其实，很多这样的人，他们只要稍微修正一下自己的职业方向，也就不会在跳槽中盲目选择。

某高校电子专业的小王，来应聘某公司的公关企划部部长。他研究生毕业后去了一家稍微有点规模的IT企业，因为他对于软件的了解很不够，就没有做技术，而是从事管理，后来做到了总经理助理、主管行政和企划。工作五年后的薪水也就5000多元，他在公司的发展也受到了一定的局限。

在面试的过程中了解到，小王之所以应聘公关企划部部长，只是因为这个职位给的薪水还可以，而不是因为他喜欢这样的工作。依照他的素质和职业兴趣，如果选择得当，几年后应该有很好的发展。最终这家公司没有聘用他。

专家给小王分析以后，他才恍然大悟。如果这家公司聘用了他，不但会耽误企业的发展，而且也会耽误他本人的发展。后来他经过认真的思考，及时修正了自己的职业道路，目前已取得了不错的发展。

点评与建议

在今天的市场环境中，类似的例子还有很多，这样的人大多都有一个共性，那就是最初的时候不知道自己应该在哪个领域开始自己的职业生涯，几年过去了，稀里糊涂地换了几家公司，回过头来才发现，只是积累了不同行业、不同职能方向的一些不成功的经验。因为似乎什么工作都难不倒聪明人，只要他们愿意去尝试，就有机会做不同的工作，结果却都是"蜻蜓点水"。一段时间以后突然发现，多种多样的工作经验并没有给自己带来沉甸甸的收获，反而造成了自己缺乏专长、缺乏核心竞争力的局面。最最关键的就是他们永远都难以结束低薪长跑，白白浪费了上天赋予他们的才智。

当然，和此相对应的是另外的例子。有的人起点并不高，既非名校也不是什么很热门的专业毕业，但是因为他们选择了正确的职业发展之路，几年之后他们在职场上的价值超过了很多当初起点比他们高的人。调查发现，许多公司现在的财务总监都是专科毕业的。但在十多年的财务生涯中，从出纳、会计、主管会计到财务经理、总监，一步一个脚印走得很踏实。不少和他们同龄的本科生、研究生也还没有取得这样的成绩。其中不少拿着高薪的人士，他们中不乏低学历的人才，只是因为在一个领域里辛勤耕耘而成为这个领域的专精之士，从而能够获得和他们价值相匹配的薪酬。

报酬太低,和老板"拜拜"而去

以前的电视中总出现这样的镜头:一个洁白的信封"刷"地从老板的手中飘落到某员工的面前,伴随而来的是老板无比冷淡的声音:"明天开始,你不用来了。"登时,一个阴险冷酷的资本家形象豁然跃上荧屏,惹得全国人民咬牙切齿;再看如今,同样是洁白的信封,方向却正好相反,从某员工手中"嗖"地飞向老板:"明天开始,我再也不来了!"接着,转身,飘然而去,身后撒下无数敬佩的眼神。社会是发展了,人们的心态也变化了,拥有了充分自由的现代职业人站起来了!时至年关,他们不仅在心中暗暗说道:年关跳槽,和老板拜拜!

24岁的展颜性格比较内向、沉静,说话有些拘束,当她笑的时候,脸上两个米粒大的酒窝非常明显。她中专毕业后来到北京。起初是做收银员,接下来的工作是在一家公司做打字员,由于工作得不错,升到网络编辑。

后来,她随着总经理到了新公司,虽然工作比较辛苦,但是总有意想不到的成绩,工作表现在公司里得到了大家的赞扬,老板还在公司的新年聚会中当众夸奖了展颜。谁料如今,这个腼腆的女孩却做了一件让大家都很意外的事情:提交了辞职报告,离开了这家公司。

展颜选择离开的原因很简单,因为她的工作与所获得的报酬相差太远了,工资实在太低。她曾经暗示过老板,可是他并没有做出相应的反馈,这使她觉得心里特别不平衡!虽然大家对她的工作在态度上表示了认可,可是这并不能解决她很多现实中的问题。所以,展颜选择了离开。

点评与建议

这是年关跳槽的一种典型理由——薪水太低！在职场中，最容易被拿到桌面上计算的恐怕就是薪水的问题了。很多人都像展颜一样，收入过低或者说和心中的目标差距较大是导致跳槽的重要原因，而人们在选择新的"东家"时，所能提供的薪资水平也是重要的衡量依据。但是，单纯因为薪水就决定跳槽，风险相对是比较大的，因为它仅仅是职业因素中的一个组成部分，并且是发生变动可能性最大的部分。

专家建议，在职场中，要学会要！一个连自己的利益都不敢去争取的人，老板如何能够相信他可以主动地去为企业争取利益呢？如果自己的要求并不过分，有着充分的理由，就应该主动地去找到你的老板，明确地告诉他你的想法以及理由，不要抱着终有一天老板会懂你的心这样浪漫的想法。

第四章　追金跳槽，贪婪欲望也疯狂

收入"吃不饱",难接两"绣球"

跳槽关乎自己未来的发展,需要精打细算。尤其在四月抢金夺银的跳槽高峰期,面对高职高薪,淘金者蜂拥而上,许多人因为没有平衡各方面因素而跳槽失败。

成霖是工业自动化专业出身,毕业后在一家国有机械制造企业做技术员,主要负责流程图纸的设计工作。工作一段时间之后,他被调到了集团公司下属的一家船舶制造厂工作。这一做就是三年,他的工作开始和船舶工业打交道,也因此引发了他对船舶的浓厚兴趣。

但是,一线的工程技术人员让成霖感觉"吃不饱",于是他决定在相关领域学习更加扎实的专业知识和技术能力。经过一年多的努力和准备,成霖考上了国内一所知名理工院校的船舶工程学专业的研究生班,开始真正的技术研究工作,同期还参与了许多相关项目,在船舶的建造管理工程方面积累了专业经验和技术基础。

毕业后成霖又回到了原单位工作,公司把他分配到内场管理工程部,他开始感觉真正进入了船舶领域。这时候对于即将跨入而立之年的成霖来说,还是感到有很大的空间。

五年后,成霖已经成为资深工程师。无论是学历还是资质方面都已达到一定水准,但国有企业的薪资标准太低,所以他希望通过跳槽改变现状。

4月初,成霖投递了几份简历,有两家实力雄厚的公司向他抛出了"绣球"。其中一家港资公司的薪水比较优厚,但是另一家北京公司可以为他提供工程部经理的职位。

面对两难的选择，成霖应该怎样抉择呢？前者给的高薪非常实惠，后者给的高职位又很有诱惑性。成霖陷入左右为难的境地。

点评与建议

像成霖这种处于矛盾中不知如何选择的，大有人在。在现实利益和长远发展的界限本来就不很清楚的情况下，衡量一个人职业价值的不仅仅是企业为他提供的发展平台，还有他的自身价值，也就是企业愿意为这个人支付的薪资，所以，当求职者选择一个职位的时候，企业会考虑求职者的"赢"点，求职者会考虑自己的"赢"点，当双方方达成"双赢"的时候，这个职位的效率才是最高的，无论是对企业，还是对个人。

获取职位的落脚点有三个方面，也是三个平衡：

一个是"钱"途的拿捏。这是一个商业社会，寸步不离钱，尤其是这些以职业为生的职业人，职业是饭碗，钱是自己价值的一个组成部分，它从一个侧面体现了你的身价。在付出与收获不成正比的情况下，不但对自己的职业发展不利，对企业来说也达不到他要的人才效率。那么如何平衡钱的问题呢，就要考虑两个行情：一个是市场行情，一个是人才行情。

市场行情就是说，现在你所处的行业市场、企业市场是一个什么样的发展阶段。行业处于迅速发展的阶段，还是沉淀的阶段，或者正处于下滑的阶段。行业迅速发展对人才的需求猛增，但是薪资不一定是最好的，这时候就要考虑企业是否为你提供了发展前景。在一个迅速发展、扩张的企业中，职业人也会得到迅速的提升，很容易进入高级管理层面，而当行业和企业发展进入稳定阶段时，这时候企业提供的薪资相对来说要高得多，但是，发展前景和上升空间也比较小。当行业处于下滑阶段的时候，即使企业给予再高的薪水，对于个人职业生涯的发展也是没有任何帮助的，还要时时小心陷入企业兼并和下滑

第四章 追金跳槽，贪婪欲望也疯狂

的泥潭。

　　人才行情就是根据个人经验、专业能力、核心竞争力的不同，企业提供的薪资水平。比如MBA，一个中层MBA的价格是什么样的，有一个平均标准，这个标准就是你薪资的参照坐标。一旦低于这个标准，职业人的工作热情得不到最大限度的激发，对个人和企业都不会得到最大效率。而企业作为理性人，是否会提供高于职责价值的价格呢？这时候，面对一个职位，就要考虑职责与职位是否相符，你能否胜任这一职位，挑战是否超过你的极限，或者企业是否玩了什么"猫腻"等，所以，在人才行情中，职业人需要参照一个标准的"钱"景。

　　二是前景的把握。关乎未来五年，甚至是十年的发展，职业人必须考虑公司是否能够提供发展平台和上升空间，对于自己的可持续发展有没有可能，如果一个高级职位，不能提供未来五年的发展空间，职业人就需要慎重考虑了，无论提供多高的薪水，短期利益也不能制约长期发展，一旦进入高层，职业人不是为了饭碗而工作，而是为了自我实现，为了价值体现，如果忽略了这一点或者企业不能提供事业前景，高薪带来的暂时满足不会长久维持，企业与职业人必然摆脱不了一拍两散的结局。所以在选择过程中，自身的职业规划必定要和企业提供的发展空间相匹配。自身定位和职位职责是否匹配，专业度和经验积累是否和企业发展阶段相匹配，是自身竞争力得到提升，还是挥发性质的个人能力的消耗，三方面都要平衡。

　　三是品牌，巧妙"套现"的跳板。企业品牌会带动你的职业品牌。这是无形价值，是品牌效应。企业有没有建立品牌，这个建立的过程，能不能给你带来价值，这关乎一个人的职业经历。职业经历带来的客户资源、人脉资源是一个人价值的最直接体现。职业经理人能够最快体现自己工作能力的就是他能够最快地将企业计划付诸实施，立即为企业带来效益，这才是他最值钱的东西。"秀"是有成本的，需要时间和金钱。企业老板通过考察你的能力，观察你的人品，然后再考虑是否录用。怎样压缩成本，或者是近乎零成本呢？这就是他知道你有过大公司的职业经历，在某个"知名"公司工作过，你有现成的人脉资源、客户资源，能够拿来就用，能够为他产生效益，他敢直接用你。而前者是有成本的，后者没有成本。这就是品牌带来的价值，是你未来经营身价的跳板。所以说，选择品牌公司和有影响力的企业，这是一个良性循环，而且，可以提高你的职场流动效率。

从最现实的钱的问题到长远考虑，以及在此过程中如何经营自己的身价，衡量这三个方面，形成职业发展的金三角。每一个环节都是你职业发展系统里的细节，跳槽中需要精打细算。在这个过程中，你的筹码是什么，除了自己想要的还要考虑企业是否认可你，你凭什么拿到钱和"前"，凭什么比别人跳得好，这就要看你是否在经营自己身价的过程中下了功夫。你的职业定位和企业职位是否精准地对接，你的发展规划和企业的长远目标是否一致，你专业资质是否能够为你的发展提供研究基础，你的经验盘点是否适合岗位需求，也就是说你的资源是否足够支撑你的发展。你做好了上升的规划吗？如果企业能够为你提供便利的条件，但是你不能胜任，最终仍然会被淘汰掉。

总之，经营职业生涯，做好职业规划，是你持续发展的前提和基础。职业顾问认为，经过三月底中低端人才招聘高潮的回落，四月高薪高职逐渐浮出水面。你是被人力资源部门挑来挑去，完全处于被挑选的地位，还是借助实力和技巧脱颖而出，取决于你对时机的拿捏和对身价的经营。

第四章 追金跳槽，贪婪欲望也疯狂

优秀白领为追金自愿降低身价

职业白领们对自己职业增值的各种思考和困惑，我们已经听得太多了。比如：行业经验越来越多，产品熟知度越来越高，可是薪资却为什么一直不见涨？也不是没有学历，该拿的证书也拿了一大堆，可是为什么简历投出去总是没有回音？想过跳槽，可是为什么工作时间变长的同时，别人开出的价格却无法达到自己的预期？难道是自己的竞争力出问题了？

因为这些职业白领处于或即将处于从职业快速发展期向稳定增长期的过渡阶段，而这个阶段也是职业人能否蜕变成为职场精英的阶段。他们中的大多数在这个阶段积累了丰富的工作经验和行业经验，但是却对未来的新平台缺乏明确目标，于是在犹豫间丧失了许多职业增值的机会。

刘芮今年27岁。三年前，她在新西兰拿到金融硕士回到上海。回国后她进入一家知名投资公司工作。刚进公司的时候，刘芮主要是做一些协助工作。仅用了两年时间，刘芮的能力和职业素质得到了认可，被提升为项目主管。刘芮在主管位置上的工作表现仍然非常出色，接连为公司拿下了几个大的合作项目，公司也对刘芮的优秀赞不绝口。并且在这个阶段中，刘芮考下了CFA（注册金融分析师）一级。

努力的付出总是会得到肯定的，公司对刘芮取得的工作成绩非常满意。在经过公司高层的严格审查之后，刘芮通过升职考核，被提升为投资项目部经理助理。虽然是个助理性质的职位，但是能够在一个更大的平台锻炼自己，而且助理的工作并不是很忙正好可以有时间准备CFA二级的考试。刘芮相信，等她把CFA三级考下来之后，自己的竞争力一定会更强。

功夫不负有心人，刘芮非常顺利地通过了CFA二级的考试。与此同时，刘芮也成为一名名副其实的投资项目部经理，一做就是三年。但是近一年来，在外人看来事业有成的她却想到了跳槽。最令她无法释怀的，其实就是她的薪资待遇问题。

刘芮的薪资几乎没有涨过，而且看来自己在公司的晋升空间已经没有了，职位和待遇都没有了上涨的希望。另一方面，刘芮觉得公司的管理在很多方面还不够规范，有时还会出现多头管理，重复劳动，造成大量成本的浪费。刘芮也曾跟自己的顶头上司提过这方面的意见，也提交过一些关于公司管理体制改革方面的意见，可是几乎没有什么反应。

很多很多的失望，夹杂着自己利益的损失，刘芮想要跳槽。她把目光瞄准了外资投资银行，只要能进外资投资银行，她甚至不介意从最底层做起。刘芮自己也试着在网上投了一些简历，可是投出去的每一份都石沉大海，几乎没有回音。

点评与建议

建立有效的学习体系之后，才能做到有的放矢。刘芮在工作中不断地去学习，完善自己的能力体系，这当然是件好事，但是学习要有计划，要明确是不是通过这次学习就能达到想要的目的。

对于像刘芮一样薪金触顶的白领，职业顾问给出几个"点"薪的妙招，让你知道什么"点"对你的薪资是有营养的，可以使你的身价涨高，什么是鸡肋，必须抛弃。

一是挖掘"卖点"。企业关注的是你的价值，能否通过对你的聘用实现企业既定价值，这才是企业关心的。对很多不能拿到满意

第四章 追金跳槽，贪婪欲望也疯狂

薪金的人来说，他们并不是能力不能达到企业的要求，而是不会包装自己过去的工作经验，充分挖掘以往工作中的含金点。因此，即便有面试机会也不会巧妙地展示自己，更别提如果不会包装甚至连面试机会都不会得到了。恰当的包装是必须的，但前提是工作经历中确实有含金点，形成了核心竞争力，包装只是把已经形成的核心竞争力展示出来。

二是找准"契合点"。充分掌握目前职场动态，进行科学的职业分析和职业定位，确定职业气质职业特性，发掘自己核心竞争力，准确评价自己职业含金量，合理进行职业规划，了解目标行业企业的情况，把握行业产品信息，充分了解目标企业产品结构产品资源，企业长远发展战略目标，企业管理模式和企业文化等。最后在个人和企业间找到契合点，在个人和职位间找到匹配度，最终达到职业生涯的可持续发展，实现高薪高位目标。

三是打扫缺"点"。在职业发展道路上需要不断补充知识，提高个人能力，但是补充要有针对性，明确自己的职业进一步发展所缺的能力，针对这部分所缺的能力制订有效的学习计划。内练基本功，完善自己的能力缺陷，特别是针对心中理想职位要求的能力与自己当前所具备能力的差异下手。职业人士最忌赶大潮培训，跟风学习，这样不仅对自身职业发展毫无帮助，还极有可能使职业发展陷入停滞状态。

四是抓住问题关键点。职业白领在跳槽的过程中应该自问：我能否拿到这个具有挑战性的工作？对应企业提供的高薪，我是自身能力达不到，还是职业规划没到位？找出问题所在，抓住问题关键点所在，才能够速战速决，获取理想职位。

追金跳槽，却陷入跳槽陷阱

成败就在一念之间。选择对了，一片光明；选择错了，就是地狱。这不是危言耸听。根据某职业顾问调研中心七、八月对来访者调查数据显示：面对九、十月跳槽高峰，82%的职场人士都蠢蠢欲动，想借助跳槽来实现更高的职业发展要求。然而，因为跳槽跳错，也有高达62%的人跳入"陷阱"。

事业发展总有几个突破性的关口，当你花费了精力却没有回报的时候就要思考方向、方法、方式是否正确，如果继续"蛮干"下去，丢失的就不是一个阶段的发展，而可能是你的未来。但是只要找到正确的规划之路，就可以轻松助你登上高职与高薪。职业生涯的规划是在正确的职业目标定位之下来逐步实现的过程。

很多职业人也给自己做了规划，但是这种规划很少能从客观的角度来分析与了解自己，不确定自己的职业经验、职业能力、核心竞争力等方面，也不知道真正适合自己发展的职业道路在哪里。就仅仅是凭借着自己的感觉走觉得自己适合就进行下去。当发现方向错误时需要回头就已经浪费了时间、精力、资本……职业规划是一个科学与系统的工程，而非依靠感觉就可以成就的。

周先生在2002年旅游管理专业毕业后，由于家人的原因成为一家国有单位的行政助理。工作了两年感到适应不了国有单位的文化，周先生辞职了。接着，他成功应聘成为一家五星级酒店的总经理助理。

在酒店，周先生除了负责总经理的日常办公外，还负责人员聘用、培训、绩效考核等人事方面的事务。在酒店的两年间，周先生做得很出色，受到总经理的多次表扬。

但是由于内部体制的原因，周先生不可能在近年内实现职位的变动，这挫伤了他的积极性，他不愿意一直做一个助理，而且自己的能力已经足够担当起经理的职责了。

周先生决定跳槽另觅高枝。这次，周先生将职位锁定在酒店行业的经理位置，但是简历投出之后石沉大海，没有回应，他自己也不知道问题是出在了哪里。

周先生觉得可能是自己的薪水要求太高，愿意降低薪水来获得经理的职位。这次有了几个面试机会，但无一例外，面试之后依然没有结果。周先生不知道怎么办好。

经朋友介绍，周先生来到职业顾问这里寻求帮助。

职业顾问与周先生交谈后发现，他的自我要求很高，他的职业目标是想成为一名职业经理人。他也给自己做了规划，希望在30岁之前做好铺垫，35岁能够实现这一目标。但是，当问他如何在规划的时间内来实现时，他自己也迷茫起来。

职业顾问对周先生的职业经历和专业能力进行了分析、研究后，发现周先生具有较强的协调、组织能力，表达能力也很强，对人事方面也有一定的掌握，他适合向人力资源方向来发展。而经理的位子并不适合他。他所做的两个行业、职位相关度不高，没有积累某个领域的核心知识与经验，无法达到经理所需要的竞争力的优势，而且其综合管理水平也有限。所以周先生对自身所做的规划没有可依赖的现实基础，也不知道如何去打造，那么只能是空中楼阁，美好但是虚幻。于是，职业顾问将他的职业定位确定在人力资源领域。他做过一年人力资源工作（办公室主任），在酒店的时候，每年都有多次的内部培训要搞，这种经历是许多大企业想要的。经过岗位定位与包装，周先生的简历也迅速得到反馈。

在拿到几个面试通知书后，如何选择让周先生举棋不定。在职业顾问的帮助之下，比较几家企业给周先生提供的成长空间和薪酬福利待遇。最终，周先生成功应聘进一家大企业。

点评与建议

跳槽不是简单地将简历发出去就被动地等待。甚至很多职业人在接到面试通知时还不知道是哪个单位看中了自己。在这样盲目的状态之下，你的求职中奖率能有多高？所以，职业人应该在跳槽之前做好充分的准备，先谋而后定。根据自己科学的职业目标定位，与行业发展、企业发展背景以及岗位职能、能力上涨空间作出统一的评估，如此一来不仅是企业选择你，更重要的是你能够在选择企业的同时选择了好的发展。

跳槽者需要对自己进行冷静的定位与分析，你的市场价位达到什么程度，可以拿到什么样的薪水高度，不要简单对自己降价处理。一方面降价意味着自己的能力不达标，对自己信心不足等。另一方面，薪水也不是企业考虑的核心因素，如果你能够实现企业所需的价值，那么薪水不会是阻碍，但是如果你不适合一个企业，那么企业可以以各种理由来拒绝你，而薪水就是一个很好的借口。对于职场人士而言，降价并不能将自己推销出去，反而会让企业对你的能力产生怀疑。

第四章 追金跳槽，贪婪欲望也疯狂

缺乏远景目标，自受其苦

个人在选择职业或考虑是否跳槽等情况下，最重要的是要明白不要为现阶段的工资待遇、人际环境、老板的做事风格、组织氛围而跳槽，一切是为了职业生涯而跳槽。即使现在的工作已经相对满意，但下一个成长台阶没有了，个人能力相对饱和了，根据职业生涯需要就必须要跳出这个藩篱的。跳槽要以提高职业竞争力、提升职业含金量为基点，跳槽过程中获得个人的职业可持续发展才是关键。否则，抓眼前小利而放弃长远规划，失败就会是唯一终点。

小严是一家五百强制药公司的注册经理，平时工作比较忙，但还算顺心。业绩一直得到总公司的认可。最近认识了一位德资制药企业的总经理，对方聘请小严做自己的助理，**薪水翻番**，加上其他优惠条件，很具吸引力。

面对再三邀请和优厚的条件，小严想到未来的几年自己可以大赚一笔，损失一点年终奖不是什么大不了的问题。最后小严终于向公司递交了辞职信。

小严顺利来到了那家德资制药公司，然而，那位老总毕竟是嘴巴上答应小严的条件，在给他的正式聘请信上列出的条件却十分苛刻，细细算来，还没有原来公司的待遇好，更谈不上什么发展空间，而且明年还必须从北京调到天津工作，职务和薪水也没有变化的可能，这样肯定会给家庭生活带来负面影响。

现在，小严真是后悔莫及！

点评与建议

很多人考虑跳槽，或许是因为高薪，或许是因为高职，或许是因为舒适的办公环境，然而很少有人明白跳槽是为了什么，又怎样令跳槽真正成为有利的手段，其根本的原因，是对职场价值规律认识的缺乏。小严作为医药行业的注册经理，除了专业知识和经验外，作为一名经理人，还拥有固定的客户群，业内稳定的关系渠道，等等，这些都是优势竞争力所在。

怎样利用这些职业优势去发展事业才是关键所在，但遗憾的是，小严没有意识到自己的优势和价值所在，正因为对自己的前程缺乏清晰的判断力，结果尝到了跳槽失败的苦果，而且还蒙受了"口头承诺之苦"。

第四章　追金跳槽，贪婪欲望也疯狂

为了多点薪水，放弃长远发展

职场上，偏偏有很多员工禁不起高薪的诱惑而盲目地跳槽，结果让自己进入"陷阱"。比如，新公司的待遇并不和招聘信息上的一致；工作能力得不到提高，仅仅是一些机械的劳动……这样的员工多是因为自己缺乏对职业的长远规划，不了解自己想要什么，每一步应该怎么走，在不了解新公司的工作环境和文化理念的情况下，仅仅因为高薪而动摇。

刘铮毕业后在一家机械加工厂做工程师，大公司的待遇受工龄的限制，他的薪水并不像自己想象的那样高。偏偏这时，有猎头公司给刘铮打电话说，有一家公司急需人才，薪水比他现在的薪水高出40%以上。

在猎头公司的包装下，刘铮如愿地跳槽到这家公司，职位和原来相比差不多，薪水却上升了一大截，这让刘铮的同事十分羡慕。但是，没工作多长时间，刘铮就开始怀念原来公司的好了。因为原来的公司是刚成立的公司，对全体员工都有比较好的培训体制，有很多的机会去学习，成长空间比较大，对自己能力和专业技术的提高很有帮助。

而现在的公司已经建立很久，每天就是按部就班地维护公司正常运作，做一些机械的劳动，只要把手头的事情做好就行了，根本没有机会提高自己的技术。时间长了，工程师就成了高级操作工。

对于有进取心的刘铮来说，这样的工作简直是在扼杀自己，薪水虽然是高了，但是因此放弃提高学习的机会，他很不情愿。

点评与建议

像刘铮这样，高薪往往是员工跳槽的一大诱惑。在没有建立理性的职业规划的情况下，盲目跳槽会让自己陷入误区，给自己的职业生涯带来倒退。自己在原有公司所拥有的良好人际关系、丰富的产业知识、资源整合的能力等都没有了多少的利用价值。特别是在自己还没有积累到一定的技术经验的情况下盲目跳槽，自己原有的目标就更难实现了。

再说，跳槽意味着进入新环境，压力会很大。每天都有很多双眼睛盯着你，想要获得老板及周围同事的认同，就需要你加倍地努力。如果做不出什么成绩，你的职业规划就会出现新的障碍。再加上有些人做什么事情都要求很完美，精益求精，这样会使自己的压力更大，也会影响到自己的长远发展。

第四章 追金跳槽，贪婪欲望也疯狂

转行追金，家庭工作难协调

在职场生涯中，许多有跳槽欲望的职业经理人在大企业的诱惑面前变得相当谨慎，跳槽还是卧槽成为一种困惑。

唐俊是一家世界500强企业的营运经理，有十七年工作经验的他有着丰富的跳槽经历和职场历程。

唐俊在一家汽车行业跨国公司工作了八年，从一个普通的工程师晋升到工程部工艺工程经理。这时，他发现很难有上升的空间，工作很稳定，可是升职很困难。于是他萌生出想去其他公司了解其管理模式和企业文化的念头，开创职业生涯发展的新局面，于是他跳槽进入了另一家著名信息影像行业的500强企业，担任运作系统经理。

在这家汽车行业跨国公司，唐俊的职位只是一个部门经理，新的职位则让他负责整个运作体系，包括物流成本降低、优化库存、现场布局、工艺方案等，接触面和眼界开阔很多。他认为这次跳槽带给他许多新的机会，他的领导力和沟通能力得到了很大提高。

然而，正当他发展得如日中天时，公司出现重大战略调整，他所负责的业务被卖给了其他公司，只保留品牌，被架空的他开始寻找新的机会。就在唐俊被动地跳槽时，老东家向他伸出了橄榄枝。

以前的老板给唐俊打电话，告诉他工程部经理的职位空缺，请他来负责管理。这相比以前的职位高了一个层次，正是他以前梦寐以求的。唐俊欣然答应，重回老东家。随着公司业务的拓展，需要建一个新厂房，而对整个营运系统最了解的人只有唐俊。于是他被委任为武汉厂营运经理，职位又升迁了一次。

唐俊本来准备在这里长期发展,但是因为老婆和孩子在广州,工作了十个月之后,考虑到平衡工作和家庭,他决定还是找机会回广州。但是原单位已经没有合适的岗位,因此只有跳槽到外面找机会。最近他已经找到了机会,计划下个月就回广州。

点评与建议

为了追求更高的利益转行跳槽,常常牵扯到很多方面的实际问题,处理不好,就会得不偿失。专家提醒我们,在转行跳槽时需要避免三个误区:

一是尽量避免跨行业跳槽。转行的成本很大,职业经理人的主要价值是行业经验,如果转行就会大打折扣,最好寻求相似或相近的行业发展。

二是不要找只有年轻人做的小企业。不要只看薪水和职位,而忽略个人的发展空间,作出错误的选择。要从职业发展规划的角度,重新审视工作的深度和宽度。

三是只追求高薪而不考虑稳定性和生活质量。目前出现了一种"公务员现象",大家都去考公务员,宁愿薪资低,工作要稳定。如果跳槽影响了工作的稳定性和生活质量,就要谨慎选择。

解析受伤的心理跳槽的心

员工的最基本需要就是生存和安全的需求，也就是说薪资对等；更高层次则是得到认同与尊重；再高层次是自我的认定与实现。低于业界近一半的薪资待遇，一则是无法薪资对等的，二则是根本就不具有竞争力的，三则是不人性化的。连最低层次的需求都无法满足员工，员工忠诚度从何而谈？

A企业是一家网络公司，近日HR正为销售部经理朱强辞职一事而烦恼不已。

该公司销售部经理朱强是一位刚升职一年的新干部。去年此时正是朱强走马上任的时候，朱强在没被任命为销售部经理之前是工作两年、业务水平中上游的一名销售代表，由于工作中为人谦逊、思维敏捷、善于分析，很快就在该分区逐步形成了一套十分有特色的"IT产品销售网络图"，因此而深得总经理的器重。同年总经理力排众议，破格将朱强提升为销售部经理。

上任伊始，由于其原业绩并非十分突出，引起了公司上下许多销售人员的非议。朱强并没有畏缩不前，而是根据自己的想法和掌握的市场实际状况，重新制定了吻合市场需求的策略，并会同人力资源部在工资和奖金制度上采取了与销售业绩直接挂钩的更为灵活的激励模式。从而逐步得到了上级和下属的认同，在一年的时间内将原有的销售业绩猛增了近80%。

年末，朱强与其下属均得到了公司的表扬，朱强的下属们都得到了"价值不菲"的红包，而朱强本人却仅仅得到了一个"不大不小"

的红包。朱强心里十分不是滋味，在业界来讲取得这般的成绩，其各方面待遇均应达到本公司的两倍，且可以享有15天的带薪假日。于是其随即以"付出与所得不相称"为由向总经理提出异议，而总经理则以"作为部门经理，提高本部门业绩是分内之事"这一见解为之解释，最终不欢而散。七天后朱强辞职跳槽至竞争对手的公司任销售部经理，其薪金也随之增长了两倍。

点评与建议

本案例中的优秀员工离职事件其实就是许多企业的一个缩影，类似于本案例所述的事件在许多企业里都存在不同程度的翻版及变形后不断的上演。而对于企业来讲何为最大的损失？莫过于优秀员工的流失！21世纪什么最贵？人才呀！《天下无贼》里的经典对白，调侃间却道出了企业发展的硬道理。

企业为什么要承受人才流失之"痛"？这不得不带给我们更深层次的思索。在本案例中，作为企业销售部经理的朱强离职，且跳槽到竞争对手那里，对于企业而言是一次很严重的事件，而这一事件所产生的负面影响远不单纯是优秀员工流失所能及的。

从表面上看来，是因为朱强认为自己的年终薪酬没有与自己的贡献成正比，而其他公司恰恰能够提供这种成正比的薪酬，所以选择"跳槽"，造成了企业与朱强本人之间的"双遗憾"。其实，本案例就像海面上的冰山一样，浮于海面之上我们一眼可见的往往是事物的表面，而深植于海底的山基方显事物的本质。那么，就让我们一起潜入深海，来看一看这场优秀员工流失案例的本质所在。

一是绩效考核认知度的偏差。针对本案例来讲，其本质问题之一就是绩效考核认知的问题。由于双方对业绩考核认知度的不同，导致员工与企业在这一问题上出现偏差。本案例中的朱强真可谓成也总经理，败也总经理。可以说，朱强可以脱颖而出的关键因素并非得益于他的业绩，而是得益于总经理的"用人之道"。

总经理的用人之道是：用人所长，避人所短。朱强在销售业绩上并非出类拔萃，而这一点在销售团队中是不容易得到晋升的；而总经理却恰恰看中了其为人谦逊、思维敏捷、善于分析这些性格特质，认为其更适合于带领团队打市场，所以力排众异议将其晋升为销售部经理。而这时总经理已将考核朱强的"尺子"从一般销售人员的考核业绩，转变为"你的长处到底有没有发挥出来？"发挥出来将团队业绩搞上去是工作之本分、责任之所在；而反之，则是工作没有到位、失职。那么，朱强由原来的销售代表成为销售部经理之后，也不觉地融入到企业既定的业绩考核标准中："用销售量说话！"事实上，朱强刚上任时所遭受的种种"非议"也足可以表明销售量对销售团队的重要性。在年底当原有的销售业绩猛增近80%时，朱强也很自然地觉得自己应该收个"大红包"，反之则"太薄情"。由此可见，正因为总经理与朱强在对工作成绩进行考核、评定采用了两把不同的"尺子"，而衡量的却是同一项工作。

从上述论述中我们可得知，源于双方心中这把"尺子"的不同，从根本上导致了双方对既定工作业绩认知度的不同，接下来就是"火花四溅"。

二是沟通缺乏有效性。本案例中朱强与总经理之间的沟通，简直就可成为整个离职事件的"催化剂"。在沟通上双方各执一词导致整个沟通缺乏有效性；而正是这种缺乏有效性的沟通导致矛盾的升级。可以说，总经理当年力排众议将朱强提升为销售部经理，除了其本身表现出的深远的眼光、因材施教的领导魄力外。更深远的，则是对朱强本人信任、期望和成长路径的安排。而朱强在成为销售部经理后，也的确不负众望取得了骄人的成绩，且希望可以得到公司无论是薪资还是感情上的认可。

但在整个沟通的过程中，我们一眼就可以看出，双方均没有站在对方的角度看待问题、各持己见，导致沟通的失败。试想通过沟通与交流，朱强如果能够体会到总经理之用心良苦，那么其决策就有可能会向原公司倾斜；而总经理如果同样能够体会到朱强的真实想法，那么也将有可能考虑其对于朱强的待遇问题，甚而更深层次地重新思考一下公司的整体薪酬与激励机制。

沟通的基本目的是了解双方的想法与初衷；而最终目的则是在思想和行动上达成共识。而沟通应该建立在相互理解、相互尊重的基础之上，最终进行换位思考。管理在某种程度上也是一种"妥协"。如果双方一再地坚持自我、各持己见，在沟通的过程中必将引发争论，而事实上争论是无法达成共识的，更无益于解决任何问题。

本案例中，如果双方的沟通可成为有效沟通，那么蕴藏于彼此心间的"无名之火"也将得到有效的控制，甚至防患于未然！

三是员工忠诚度归零。俗话道：天要下雨，娘要嫁人，个人顾个人！销售部经理朱强与企业之间的感情不再，对企业的忠诚度也随之归零，那么来自竞争对手"两倍的薪资、15天带薪假"就成了"致命诱惑"，最终跳槽而去，留下一片唏嘘。

员工忠诚度业已成为现代企业中最炙手可热的话题。如何打造员工忠诚度？首先，员工对企业的忠诚度是慢慢培养起来的，绝不是培训出来的。其次，薪资待遇所留住的绝不是一流的人才，事业才是留住一流人才之根本。美国著名心理学家马斯洛需求层次理论曾明确指出人随着发展变化有着不同层次的需求。那么，员工在企业中的成长阶段不同也将存在着不同的需求。

总之，为了更好地发挥企业中"人"的作用，人力资源被提升到战略的高度；为了更好培育"人"，企业大力开发培训系统；为了更好地留住"人"，企业更是致力于薪酬体系的建设和福利的健全；为了更好地激励"人"，企业不断构造更具激励性的绩效考核体系。

第四章 追金跳槽，贪婪欲望也疯狂

职场专家给追金跳槽者的忠告

"高薪梦"并非唾手可得,但为了薪水而跳槽的人仍然数不胜数,他们认为跳槽是加薪捷径,却忽略了跳槽过程中的隐患。专家认为,为高薪跳槽,如果操作不慎,就会增大各种显性和隐性的成本。

其一,操作不慎的高薪跳槽会使职业忠诚度受到质疑。从个人发展来说,不管你技术多牛,能力多强,如果仅仅是因为钱就不停地跳,个人的职业忠诚度可能受到严重质疑。有些HR对于这类职场"跳蚤"比较反感,对这样的人敬而远之,即使把你录用进来,一旦发现你忠诚度不高,也不会把核心岗位交给你。

其二,操作不慎的高薪跳槽会使职业空白期难以解释。因为抱着求高薪的想法跳出来,找工作时常常会因此受到牵制和影响,没有达到预期,心里往往难以接受。结果时间越是拖延,职业空白期就越长。在职业生涯中,职业空白期是个比较敏感的问题,可能会对未来的职业发展带来负面影响。

其三,操作不慎的高薪跳槽会使职业生涯出现断层。因为钱而跳槽,很容易被高薪蒙蔽了双眼,忽略了长远的职业发展规划。有的人因为过于注重外职业生涯,而忽略了内生涯的修炼,职业生涯发展的延续性差,严重影响职业生涯发展的延续性。如同虚线一般的发展轨迹,如何能长久呢?

职业内生涯发展是个人职业发展的内在源动力,只有自己的核心职业技能提升了,才可能获得更好的机会,更好的待遇,此乃良性循环,而非一蹴而就的结果。不断地跳槽,不断地换环境,不利于经验的持续积累和业务的进步。核心技术、业务等工作，都只能是较高岗位，或企业核心人员才能获得的。总是跳槽，在各个公司间换来换去，"跑龙套"的不是你，还能是谁？

其四，操作不慎的高薪跳槽会使简历上留下尴尬"历史"。单为高薪而跳槽的人，内心多浮躁。常常因为外部环境因素，或是内心欲望无法满足时就冲动跳槽，所以在眼下的平台上还没来得及做出成绩就放弃了，在简历上体现不出亮点，没有实在的成绩，而且还留下了"跳蚤"的坏影响，HR一眼就能看出你的问题所在，怎么会录用你？更何谈高薪？

其五，操作不慎的高薪跳槽会使"惯性跳槽"上瘾。"跳槽就能涨薪"这话就像是一句魔咒，使人在一个岗位待了一两年就开始不安分了。比如有的人就因为同事和朋友告诉了他，某某因为跳槽到某某公司得了高薪，他就按捺不住性子要跳出去。结果往往只看到别人得高薪，自己却越来越糟。其实，别人获得高薪的原因未必就是"跳"出来的，真正的原因你不能判断，不考量自身状况就盲目跟风，结果不堪设想。"惯性跳槽"上瘾后，只可能成为跳槽"奴隶"。

高职位和高薪的诱惑常常让人心生跳槽念头，然而要成功地完成人生一"跳"谈何容易？况且在跳槽的过程中，还有各种显性和隐性的成本！事实上，成功实现加薪或者晋升梦想的秘诀，不在于个人的业绩有多好，而在于能够艺术性地处理好一些环节。

第一，培养应变能力。

在这个瞬息万变的世界，成功比以往难得多。当你刚进化成为某方面的专家，世界早已朝着另一个趋势发展。比如当你刚掌握页面后端编程技术，编程世界已变成移动平台前端的天下——这种"淘汰"模式已上演了无数次，无论我们今天学到了什么新技术，在可见的将来都会变得"老掉牙"。在这样的形势下，你必须要学会如何学习、思考和解决问题，因为这些都是人生的长期投资，以不变应万变，才能让你在变革的浪潮中不会被淘汰。

第二，了解自己。

明确自己究竟是想要成为一心钻研核心技术的人才还是想成为管理技术的人才，那你就可以为自己设立对应的目标，并全心全意为之努力。无论今后面对怎样的技术平台或市场变革，找到能让自己产生共鸣的事物，就能永葆热情与精力，激励自己适应变化、不断学习。

第三，和老板谈加薪。

老板主动给你大幅度加薪，或是仅仅为弥补物价水平上涨带来的生活成本上升的加薪，概率都非常小。如果你没有这方面的要求，别人可能永远也不会提供给你。因此你必须采取主动。不过切记，无论你在谈判中处于多么有利的位置，正确地做好这件事情绝对是一项艺术。

如果加薪或者晋升要求不能得到满足，你可以尝试要求更多休假时间或者其他要求。如果你所有的要求遭到拒绝，那么请表达你的失望之情并平静地离开。平静地离开给你老板的感觉是，可能还有更好的工作在等待着你，尽管这有可能是假的。

如果你的要求得到满足，请表达你的感激之情，而且应该加倍努力工作，以证明老板做出这样的决策是完全正确的。

第四，做好面试新单位的准备。

通常人力主管在招募新进人员的时候，不会主动给予新进人员较高的薪水、福利，因为这对他们来说是一种负担，只会按照公司既有制度，一切照旧。因此在面试时，要提出你的要求，这样让人家了解你的想法，也有了协商的空间。

当你面试的公司在询问你上一份薪资时，最好的策略是诚实以告，因为当你用欺瞒的手段来获取高薪资，一旦被发觉，对你的信誉将有不好的影响。而且加薪的首要秘诀就是说服未来的公司：你值得他们在你身上花的每分钱。

在面试前先准备好，表现你的企图心与意愿，先让他们喜欢上你。另外，提出要求的时机很重要，最佳的时机就是当未来上司已准备好要雇用你时。一般人常犯的一个重大错误便是太快接受雇主的提议了。当然你想要表现你的热忱与决心，却无须太过莽撞，"我可以再考虑一下吗？"这是最好的响应，适当地含糊其辞是无伤大雅的。

第五，做好旧单位的交接工作。

离开原公司之际，一定要把手头工作交代清楚，避免留下"尾巴"。很多职场人士在离开公司之前，不作最后的了断，想一走了之。殊不知，这样做却是自找烦恼。因为工作没有交代清楚，接班者无法正常展开工作，他们肯定要不断找到前任问这要那，这会让跳槽者在进入新公司之后，无法及时做出调整，融入新的环境。弄不好还有可能承担相关的法律责任。

第六，尽快了解新公司规则。

进入新公司之后，一定要细心观察，尽快熟悉新公司的各种"潜规则"，以便自己尽快融入新的集体，并避免碰触"暗礁"。每一个公司都会有一些"潜规则"，大家必须默默遵守，而如果能够尽早熟悉这些潜规则，对跳槽者建立新的人际关系很有帮助。在这里需要提醒一下，进入新公司之后，尤其注意不要轻易当着公司领导的面埋怨原公司，这会引起领导的猜忌：日后他离开这里之后，是不是也会这样？这会降低自己的印象分，完全没有必要。

总之，当软实力和硬实力发展到一定阶段，你就会如虎添翼、脱颖而出，为自己赢得高薪！

第五章
压力跳槽，高压之下也疯狂

压力太大，这是职场中的我们抱怨最多的一句话了。现代职场就像一个巨大的高压锅，每个身处职场的人都能感受到压力的存在。工作量大，担心公司倒闭、裁员，减薪，人事复杂，工时过长，工作方向常常转变，职位角色含糊，等等，这些状况都使我们受压。于是，很多人有了跳槽的动机。经验告诉我们，当遇到职业困惑或面临跳槽时，我们要做到防患于未然，先做好职业发展方案，明确目标后再根据自己的方案进行求职或跳槽，这样才能够让自己在职场中更有功效，也更经济、更科学。

迫于工作压力，徘徊跳槽边缘

都说职场如战场，里面充满了竞争和挑战，这话一点也不假。在这些职场人士中，他们有的通常一天工作要超过十二小时，有时候任务大时甚至要加班到凌晨，身心交瘁；有的一年三百六十五天天天上班，正月初一也不例外，苦不堪言；有的女士已经为人母了，可是往往因为工作原因，一出差就是十天半个月，落下年幼的孩子哭着在电话里喊"妈妈"，心里歉疚不已……

何先生就是迫于工作压力徘徊在跳槽边缘的典型。

32岁的何先生经过几年的基层磨炼，现在已经是一家公司的总经理助理。按理说，这样的年纪就登上这样的职位，职业发展应该算是挺顺利的了。然而光鲜的外表下只有自己才知道真正的苦衷。他虽然是个有家室的人，可是一个礼拜基本上没有几天能在家里。

何先生最后去了一家别的公司。

点评与建议

现代职场的快节奏，非常容易导致人们"太累"，有相当大的一部分人会发出这样的感叹：工作压力实在太大，薪水实在太少，自己的发展前景实在太渺茫。因为以上的一些因素，于是，很多人有了跳槽的念头，也就在这个时候，一股"跳槽风暴"在高压职场上悄然掀起了。

现实生活中，像何先生这样迫于压力而跳槽的人绝不在少数。对于工作环境一直都比较好的员工而言，更容易产生这样的状况，

第五章　压力跳槽，高压之下也疯狂

他们就如在温水中的青蛙一般，不忙不慌，等到有一天突然发现一批批后起之秀来势汹涌的时候，才开始有了危机感。才意识到自己目前的职业只有短期的发展前景，想到跳槽时却不知道自己的发展方向在何处。

有人不能正视职业生涯规划的重要性，认为职业生涯规划只是纸上谈兵，坚持认为自己的经历才是真正帮助自己做出选择的参照，可是却不曾想到一味地盲目尝试可能给自己带来的不良后果，谁也不知道在盲目的尝试中你是否能幸运地找到自己想要的事业，如果多年尝试未果，那么所浪费的就不仅仅是这几年的时间。

所以，在遇到职业困惑或者面临跳槽的时候，我们应该做到未雨绸缪，先做好职业生涯规划，才能磨刀不误砍柴工，只有有了清晰的认识与明确的目标之后再依据自己的规划进行求职或跳槽，这样才能够让自己在这一过程中更有成效。

"裸辞"风，还是"裸辞"疯

所谓裸辞，简而言之，就是还没找好下家就辞职。不找后路，意味着离开的决然。原因在于工作压力使身心疲惫达到了极限，或长期缺乏工作幸福感，选择裸辞的白领正在增加。裸辞，正成为白领群体中的流行词之一。

从2010年开始，"裸辞"瞬间席卷整个职场，甚至一度与"橡皮人"、"蚁族"等被评为2010年度十大职场热词。而现在裸辞似乎更流行，据相关调查显示，职场中有近五成人裸辞跳槽，工作压力大，缺乏幸福感；工作太枯燥，不能实现抱负；工作节奏快，身心俱疲；人际关系复杂，无法适应等诸多因素都成为职场人毅然裸辞的导火索。

然而，"裸辞"这种不留后路的选择是洒脱还是冲动？是"裸辞"风，还是"裸辞"疯？每一个想要有所变动的职员背后，都可以率性地"裸"一次吗？我们还是来看看阿明和阿敏的裸辞经历吧。

阿明是某广告公司的设计总监，大学毕业五年，一直是"漂一族"，现在成为今年裸辞大军中的一员。"我裸辞了"！阿明此时正略带兴奋地发消息告诉他周围的朋友，他感觉"太爽了！终于可以从电脑和无止境的加班中摆脱出来了"。这是阿明辞职的理由。在广告界混迹了这么多年，虽然说薪水还算不错，但是工作压力可想而知，急于想摆脱的阿明坦言想好好地享受一下生活。

辞职后，阿明打算出去走走，然后回来开一个自己的咖啡店，每天喝喝咖啡，读读书，与朋友聚会聊天，闲暇时就背上背包到处走走。这是阿明最理想的生活状态。他想第一站去丽江,这是他向往已久的地方。

阿敏原来是一家咨询公司的媒体联络员,一年半前裸辞。当时,阿敏工作已经五年多了,公司的情况不是很好,业务不景气,公关费用很少,没多少事可做。新来的头儿不太容易相处,每天看他的脸色,工作上又出不了成绩。于是,阿敏在前年12月的最后一天,既没找好下家,也没找猎头帮忙,就写了封辞职信给老板,老板形式性地说了几句遗憾的话。第二天,他就跟公司说拜拜了。

"辞职之后的感觉很好,整个人一下子轻松很多,好好休息一下的感觉也很棒。"不过,阿敏差不多休息了半年后,又开始觉得无聊,想找点事情做……

点评与建议

事实上,像阿明和阿敏这样选择裸辞的白领还有很多。特别是在北京、上海、广州这样的一线城市,裸辞现象更是比比皆是,裸辞已然成为职场跳槽的关键词。

据媒体报道,日前某连锁人才市场发布的"金三银四职场跳槽"调查报告显示,在近5000名被调查的求职者中,逾五成人为裸辞跳槽,这和以往以"骑驴找马"式跳槽为主的情况大相径庭。此次历时两个月的调查,共回收了4313份有效样本,调查区域涵盖东莞、佛山、中山、江门、武汉、长沙、郴州、宁波、重庆、南昌、西安共计11个城市,调查对象是上述城市参加某人才市场现场招聘会的求职者,学历以大专和本科为主。

职场裸辞风正流行,那么,工作不快乐的你,是否也常常想要鼓起勇气,选择裸辞呢?因身心疲惫达到了极限,或长期缺乏工作幸福感,或其他的一些个人原因,选择裸辞的白领日益增加。现代人做事果断决绝,毫不拖泥带水。既然工作不快乐,辞职后再另寻他处又何妨？

　　对于阿明、阿敏的这种行为，并不是所有人都赞成。不计后果的裸辞，是奢侈还是无奈，可谓见仁见智。事实上，裸辞也并非是想做就能做的，冲动之下递出一份辞职信很容易，但是辞职之后带来的后果却并非是所有人能承受的。如果没有一定经济基础，一旦不能立即找到一份如意的工作，那么裸辞就只能是一种奢侈，随之而来的是经济拮据，长时间找不到如意的工作所带来的烦躁、恼怒。这样的裸辞似乎只是呈了一时的意气，对自己丝毫没有好处，所以凡事要三思。

　　"裸辞"带来的负面影响不容忽视，面对经济压力、重返职场的压力等，裸辞比拼的不是胆量，而是裸辞后的心态。面对越来越普遍的"裸辞"现象，专家则建议"裸辞"需要理性对待和思考。裸辞不是不可以，但最好能在裸辞前，有一个明确的职业方向和职业规划，将这段"职业空白期"转变为真正的"裸辞蜜月期"，从而使自己得到更好的发展。

　　对大部分职场人而言，裸辞毕竟只是暂时逃避压力的方法，最终还是要回归职场。因此，当情绪激动时，尽量不要急着作出重大决定，最好先作一些深入的思考。

　　比如，明确自己的职业方向和职业规划。有了规划之后，可以好好地利用这段职业空白期，在调节身心的同时，深度思考自己长远的职业发展，做好再出发的准备，以免在将来的工作中再次遭遇身心俱疲的困惑。

　　对于已选择裸辞的人，要注意重返职场的时间。通常而言，离职后三个月以内是重新就业的黄金时期，三个月后尚未找到工作，会产生明显的焦虑情绪；超过六个月，基本上已达到心理承受的极限，很多问题会一一迸发，对职业发展十分不利。因此，裸辞需要理性对待，否则就可能成为一场职业"裸奔"。

逃避考核压力，玩起金蝉脱壳

年底跳槽，从自身角度出发，无外乎心理、薪资、环境等原因，而这些原因再归一，还是集中在心理上——没人赶着你跳槽，自然是自愿的。其实，要做什么事，串什么门，换什么工作，根本是只要有心天天可做的，和过年毫无关系。而跳槽失败可依此类推，只要这些问题一直存在，不管年初年中年尾，同样不会有好结果。

罗北是负责公司高档珠宝销售的主管，下半年的业务指标是1200万元。早在7月份他签下军令状之际就觉得犯难，但公司向来以业务打头阵，完不成指标就得走人。罗北对这行的前景一向不看好，在上半年挖完一批大客户勉强完成指标后，大有弹尽粮绝之感。在这个城市，高档珠宝的收藏者就那深闺里的几个，比起动辄几十万元甚至上百万元的价格，他们更在意货品的精稀与否。而罗北深知自己手上的珠宝品相还及不上竞争对手，货次价平，很难出手。

万般无奈之下，罗北知道自己必走无疑，于是在剩余的几个月整日外出，号称跑业务，暗中与行业内的另一公司达成了跳槽协议。眼看年底盘账在即，罗北赶在真相大白之前递交辞呈，并在离开前编造了客户汇账的具体日期，让公司深信不疑。之后他换掉手机号码，彻底消失在前公司的围追堵截中。

可惜的是，这个圈子就这么小，无论是提供货源的甲方，还是客户端的乙方，狂找罗北未果的消息不胫而走。罗北去的这家新公司当然对此有所耳闻，从此对罗北的人品产生强烈质疑，在试用期内就给了罗北走人的暗示。

点评与建议

年底是检验一年工作成果的时候，特别是对于销售而言，是升职加薪还是解约走人，就看年底的业绩考核达不达标。罗北自知不济，与其被动地被踢走，不如金蝉脱壳，可问题是换了庙，和尚还是那个，业务能力的局限绝对不是靠换公司可以解决的，这样下去，到了明年，他还得使这招。

做出无良事，基本就不考虑在圈内混了。但处心积虑的罗北偏偏没把这想得太严重，他混进了竞争对手公司。可工作是靠实力的，玩弄一时技巧，新工作必然是兔子尾巴长不了。

罗北为了跳槽，策划"骗局"，大胆欺骗，事后每日躲避"债主"，又唯恐新公司察觉，精神压力巨大。不能不说，这里面包含着一定的人品问题，而且是每个单位都注重的大问题，一经发现必"杀无赦"。

第五章 压力跳槽，高压之下也疯狂

竞争力分散，造成身价下滑

一个人在职业发展的任何阶段都应该进行准确科学的职业定位，目的是为了从人本职业属性、职业技能机构和职业经验值等多方位确定个人核心竞争力。职业定位等于带着"罗盘"上路，能够在职业发展的各个阶段保持冷静正确抉择，在面对困难和转机时运筹帷幄。职业定位和职业规划才是职业成功的保障。

小刘是某名牌大学机械自动化专业的高才生，毕业后被一家汽车公司录用，做生产线自动化维护与开发。做了两年后小刘感觉前途不是十分明朗，再加上自己对技术没有深钻的兴趣，而且总感到别人的技术每天都在增长而自己停滞不前，有种即将被淘汰的压抑感。技术是瓶颈问题，可是小刘在这方面没什么继续学习的动力，最终选择了辞职。

小刘原来对英语一直很有兴趣，完成了中级培训课程之后就到一些县城开办英语角，他很喜欢这种帮助别人的感觉。可是爱好归爱好，谋生却是必需的，于是小刘又在一家机械制造公司做自动化的老本行工作，一面工作一面学习金融贸易专业，希望未来能够经商。

工作做了不到半年他又因为兴趣问题再次辞职，金融贸易学习也因为太难随之放弃。之后小刘联系上一个大学老同学，在上海开办了一家外贸公司，开始时跑业务工作，后来又做了三年的业务主管。可是这个工作又累又繁杂，但是觉得实在不符合自己的个性。小刘利用业余时间还自学了电脑平面处理，想着自己是不是可以些做设计工作呢？渐渐地，小刘已经对未来失去了信心，不知道下一步该怎么办，自己到底还有没有竞争力。

点评与建议

小刘的盲点在于缺乏职业定位和自我解剖,职业竞争力分散无法形成核心体系,于是造成职业方向模糊,当然是跳到哪里都失败。

小刘的跳槽经历简直就是"跳蚤"式的,跳来跳去一直跳不出围城,天南地北地闯还是没搞清自己职业发展的头绪。一会儿想用所学专业求生,却没有工作乐趣;一会儿想搞外贸,仍不合适;最后居然想做起电脑平面设计来。这样的跳槽不仅本身失败,还把青春和时间搭了进去,成本极其昂贵,得不偿失。小刘没有一技专长,因为兴趣问题在所学专业方向上不能坚持到底刻苦钻研,可是又不知道自己的真正强项在哪里,于是学了这个又学那个,最终没有一样是拿得出手的,怎能获得人才市场的认可?

第五章 压力跳槽,高压之下也疯狂

置业顾问迫于压力欲跳槽

房地产市场不景气,收入逐年降低,楼市"金九"踏空,"银十"黯淡,曾经百姓眼中外表光鲜、收入不菲的置业顾问也遭遇"寒流",有些人薪水大幅下降,甚至开始转行。

在H市望江西路与翡翠路交口的某楼盘售楼部,置业顾问小杨正在耐心地向客户介绍:"30多平方米的公寓,首付只要8万块钱,按揭二十年的话,月供只有一万二到一万三。"踩着数厘米高的高跟鞋,小杨起身为正在研究户型的客户续了一杯水,也顺便给自己带了一杯。一口气咽下大半杯,她继续为客户介绍:火车西站已经敲定于2012年搬迁,而且就搬到我们这个项目的对面。原来西站的位置打通,连接西一环。而且望江路修高架也就这两年的事。往南两站路就到天鹅湖广场了,以后那里就是政务区的商业中心。买小户型,不管是自己过渡性的自住,还是以后出租、投资,都很有市场……

这是小杨今天接待的第五个客户。这五个客户中,有三个都是路过随便看看的,在售楼部里转一圈没问两句就走了,另外两个可能问得比较多,但是也不知道买的意愿大不大。而每天,她都会接待很多这样的客户。很多时候一天下来,累得口干舌燥的,下班后说话都没多大力气了。

小杨一个月工资就2000元,提成也不多,现在房子又不好卖,哪里能攒到钱呢!有时候都想不干这行了,换个稳定点的。

去年下半年到现在,小杨已经好几个月只能拿到基本工资2000块钱,销售提成很多时候也都要拖很久才能发下来。她已经想好换工作了,最近正在寻找机会。房地产销售的收入也说不准,房子好卖的时候,销售任务就重,提成相对小,一连几个月累得很,不好卖的时候,只能干着急。家里有一个人在房地产行业里耗着就行了,她已经跟家人商量好了,还是找个工资稳定点的工作。

点评与建议

事实上,有跳槽这个念头的不止小杨一个。销售一般的楼盘置业顾问如此,那楼盘卖得火爆的置业顾问是不是也并非日进斗金?目前,各大城市的限购令等一系列政策的出台,也确实影响到一些中小房地产企业的资金链问题。置业顾问的收入主要还是来源于销售提成,市场不好的话,他们的收入自然会受到直接的影响,迫于现实生活的压力,跳槽、转行,也是完全可以理解的。

业内人士透露,有些售楼员经常跳槽,看哪的薪酬高、待遇好,就立刻跳过去,甚至有少数人盯着各公司的开盘时间,做完一个项目就换别家做另外的项目。但是更多的售楼员还是倾向于到大型房地产公司就职,薪酬待遇以及发展机会都是其看重的因素,工作也更为稳定。然而在百姓当中口碑较好的大型房地产公司一般门槛较高,学历、样貌、经验等条件都要求更为严格。

第五章 压力跳槽,高压之下也疯狂

压力下跳槽，不知何去何从

作为职业经理人，如何克服自己"新官上任三把火"的急于求成的心理冲动呢？还是让我们来看看下面这个反面例子吧。

陈成是跨国公司的资深研发经理，月薪5万元，听起来相当不错。但是陈成认为公司知识结构老化，公司研发的产品处于更新换代被淘汰的阶段，后续研发资金不到位，在研发产品部门发展不大。他进行了个人职场评估：公司已经不太可能在短期内对他委以重任。因此陈成计划跳槽。

经过朋友介绍，陈成来到一家经营同类产品的民营公司担任副总裁。公司各方面条件不错，策略上都十分符合陈成的想法，陈成从别处了解到公司老板的思想还是十分与时俱进的，他觉得公司应该有良好的发展前景。

在和老板第一次见面谈话的时候，陈成就非常坦诚地向老板提出了关于工资福利和权责方面的要求——希望自己能够担任公司副总裁一职，管理一家外地分公司。陈成之所以选择外地分公司，是因为外地分公司规模比较小，容易掌控，毕竟自己已经45岁，管理方面的资历不浅，而且精力有限。老板爽快答应，陈成自信到岗。

但万万没有想到的是，外地分公司的员工很大一部分是之前总公司外派的，不少人还是公司的老员工，这些人已经与企业签订了无固定期劳动合同，老虎屁股摸不得——对于陈成这位新上司心里都不买账。陈成自己很希望能在短期内创造出良好的业绩，以回报老板对他的信任和在他身上的投资。

经过一段时间的熟悉之后，陈成便把原来在跨国公司积累的经验和工作方式带到了新的公司，希望新公司的下属都能够配合他制定新规则，但是老员工团结起来不买他的账，对外企的那些工作方式和陈成提出的改革政策不屑一顾。陈成觉得在新公司很难施展自己的计划，已经45岁的他不知道应该何去何从。

点评与建议

在跨国公司干过的职场人往往对国企、民企水土不服。陈成有这样的"下场"，基本上是"单枪匹马奋战沙场"的必然结局。在外企时间较长，使得他对国内企业文化缺乏深入的了解，表面上看，他是令人羡慕的副总裁、分公司老总，但是，他却陷入这样一种尴尬的境地——真正进入别人的团队并不容易。在这一点上，陈成自身准备不足、估计不够。在建立自己的团队之前，不要急于改革，更不要马上将外企的工作风范拉进现有人员队伍。陈成犯了心理学讲的急于求成的心理冲动错误。

首先要适应企业。好比买了新车要去磨合，只有在你掌握了汽车的性能、手感以及各种情况之后，你才能更好地去驾驭它，发挥你的熟练的车技。

事实上，陈成应该给自己3~6个月时间，从而做到新人适应老企业，而不能让整体企业都来适应你这个新人。45岁的陈成，没有认清自己来分公司是个新人，而摆出了职场老资格的姿态，这是他陷入孤立地位的根本心理原因——没有摆平心态。

其次要做到老企业的人事架构和企业体系的整体稳定。新人来到老企业，往往会觉得这个企业有这么多的老员工和那么多的问题，其实，发现大量问题，正说明陈成是新人的眼光——没有适应新情况，当然会很轻松地发现不如愿的地方，而老员工早已经熟悉和适应了，自然心里觉得陈成大动干戈有些小题大做，新的班子还没有站稳脚跟

第五章 压力跳槽，高压之下也疯狂

就被老员工孤立，不但新的制度体系没有建立，把正在运行的老体系也破坏了。

另外，陈成没有做到卧龙先伏——时机到了，你才可以跃龙在天，让大家眼前一亮。每个人看问题的角度都不同，喜欢的人专看优点，不喜欢的人专挑毛病、横竖都不是。这是人的心理弱点，有些职场人知道自己这样不对，但就是克服不了，故此，陈成应该给大家一点时间。

可惜的是，以上三点都没有做到，等待陈成的只能又是新一轮的跳槽生涯了。

心理不平衡，就要跳槽去

有一些员工总是在抱怨自己的工资多么低，自己的工作环境多么差……因此动了跳槽的念头，以期寻找工作环境好、薪水高的公司。跳槽也许是不错的选择，但是你想过没有，新的公司是否能给你带来更多的学习和成长的机会呢？

跳槽不是目的，提高自我价值才是最重要的。只有自我价值提高了，我们才有更多的机会获得更高的薪水。想想看，有哪些成功人士在刚开始的时候仅仅是为了钱，为了好的工作环境而工作的？他们看重的是学习机会，在不断的成长中积累了更多的工作经验。而那些过于看重工作环境的人，最后只会在清闲的工作环境中养成懒惰的恶习；那些过于看重薪水的人，最后获得的薪水也许会很有限。因为在安逸的工作环境下，时间长了，就很难再有当初的激情；有很多人薪水虽然很高，但没有发展的空间。自身没有发展，哪还有机会让自己的薪水翻倍地增加呢？

阿涛刚开始在一家大的贸易公司工作，刚进去的时候，由于资历的限制，工资并不高。但是，该公司的发展空间很大，只要做的时间长了，就会实现自己的价值。但是，当阿涛看到自己的同学工资都那么高，阿涛觉得心里不平衡，就决定跳槽。

一次，阿涛无意中看到了一条招聘信息，完全适合自己做，而且薪水特别高，就去应聘，结果被录用了。但是，做了没多长时间，阿涛就意识到自己并没有学到什么新的东西，在工作中用的全是自己以前的东西。由于公司太小，根本没有更多的资金去组织培训。再加上发展空间太小，阿涛就开始后悔了。

点评与建议

很多员工会像阿涛这样，心里算计的总是这个月老板会发给我多少工资，下个月老板会发给我多少工资，我这一年能挣多少钱，够不够我攒钱买辆车，够不够我买件名牌新款裙子，等，这样，想来想去，他们会觉得自己实在没有挣多少钱，就动了跳槽的想法。他们心里并没有想自己能学到多少本事，为公司创造了多少业绩。而公司看重的是利润，你没有真本事，没有业绩，不能为公司创造利润，老板也不会无缘无故地给你加工资，甚至你的岗位也难以得到保障。

所以我们应该想方设法提高自己的能力，为公司做出相应的业绩，实现公司利益最大化，才有更多的机会获得高薪。事实上，工作就是在与自己赛跑，你不努力，但别人在努力，在不知不觉中你就掉队了。掉队的结果就是被淘汰出局。一旦遇到这样的情况，你怎么办呢？会想到跳槽这条路吗？可事实上，即使你跳到另一家公司，也会遇到类似的情况。难道你还会继续跳下去吗？

压力之下，对跳槽颇感茫然

很多人在职业发展的旅途上停下了脚步，因为迷失了职业发展的方向而在原地做着痛苦的选择。这样的事会发生在很多人身上，因为他们有着更多的犹豫——面对放弃时的犹豫！这种痛苦，只属于那些已经有所拥有的人们，也只有他们，才会在今天的"我"与明天的"我"之间不断地徘徊！

面对取舍，我不想再犹豫不决！

35岁的韩韬大学毕业后就来到北京工作。由于种种原因，工科出身的他第一份工作却是销售。后来经过跳槽来到了现在这家业内知名的企业，依旧从事销售工作。并且随着公司的业务开展一直勤奋地工作，他也由一名普通的销售员成长为公司主管销售的经理，几年来，他有了自己的家庭、孩子，也有了房子、车子。

在旁人的眼中，韩韬是年轻有为的标准解释，身边很多年轻人都以他的奋斗经历作为自己的榜样。出乎所有人意料的是，他却在人们欣赏羡慕的目光中考虑要离开，想要放弃现在的事业重新开始！

其实，韩韬是一个很内向的人，这些年的销售工作，让他感到很疲惫！当年大学毕业后，一时没有找到专业对口的工作，因为生存的压力选择做了销售。现在随着年龄的增长，他很希望可以安静地做些事情，可越来越多的应酬、出差和频繁地商业交往，让自己对现在的工作的热情和耐心也变得越来越少。他真的觉得很累，很疲惫，感觉自己比实际年龄老了好多！

另外，几年来，韩韬出差、加班是家常便饭，几乎没有时间陪伴家人，在儿子的眼里，他是个"失信"的父亲！他曾经答应儿子带他去动物园玩，到今天已经一年多了，他还没有兑现对儿子的承诺。其实小家伙一直都记得，每当他说"爸爸说话不算数"的时候，韩韬都特别地难过和内疚。这几年公司发展的速度特别地快，他也就特别地忙，一年有好几个月都在外地出差，对家里的照顾和对孩子的教育他做得实在太少了。他现在最大的愿望就是，等自己有了时间，一定要天天陪儿子做游戏！

韩韬自己也不知道放弃以前的积累是不是值得。他现在的职位、收入都很好，在业内也已经有了良好的个人口碑，而且和公司的成员配合得十分默契。但是他又希望将来能向专业化方向发展，成为专家、顾问那样的人，现在有几家咨询类的公司邀请他加入。

韩韬认为，现在有不同的机会在自己面前，但无论他怎么选择都需要放弃很多。放弃做销售，一切就要从头做起，这样就等于放弃了以前的积累。他担心这样的放弃是否值得。

各种声音加上自己的犹豫，韩韬感觉自己走到了人生的十字路口，十分的迷茫。在十分无奈的情况下，韩韬通过朋友介绍来到职业生涯规划中心寻求帮助。

在职业专家的帮助下，韩韬既没有放弃过去的积累，又实现了改变生活状态的愿望，这让他十分开心。

点评与建议

韩韬目前希望做的，其实是想回归到真正的自我，做自己真正想做的事情。当年选择职业，考虑的是生存，而现在选择职业，考虑的是生活。

很多人在初入社会选择职业时，因为缺乏对自己和职业的理解，所选择的职业可能和自己的某些特点非常不相符，年轻的职业人往往能够改变自己来适应环境，可是随着年龄的增长，这种潜在的冲突就会渐渐地显露出来，并且直接影响到他们的生活。现实中，越来越多的职业人都会在类似韩韬这个阶段做出新的选择，回归自我去做真正适合自己的事情。

有人问过这样一个问题："你能给家人朋友最珍贵的礼物是什么？"所得到的大部分答案是"时间"。这也是现代职业人生活的一个缩影。社会竞争越来越激烈，想要在社会中有自己的一席之地，就要做出许多的付出与牺牲，在所有的答案之中，首当其冲的就是自己的家庭与时间。

如今职场中流行一个新观念：衡量一份好的职业，最关键的标准就是"平衡"！在本案中，韩韬遇到的也正是平衡的问题，他希望可以通过职业转换，来达到事业与生活之间的平衡，让自己的事业真正变得保养起来。

人们在面对机会与放弃时，通常都会非常犹豫。放弃了以前的积累，就等于要面临很大风险：稳定、收入、认可程度等。可是如果错过了眼前的机会，又让人觉得非常可惜，怕就此错过了可能改变生活状态的契机，韩韬面前的困惑也正是这样。

其实选择与放弃并非一定非此即彼，二者之间可以找到一条更加稳妥的路。专家认为，韩韬的职业方向应该向顾问转型。结合韩韬的描述与他的测评报告可以得出结论，向顾问类型的职业转换已是毋庸置疑的方向。结合他的积累状况，目前领域相关技术专家、营销类顾问、企业智囊成员等都是不错的选择。

从专家的眼光来看，韩韬彻底放弃已有的积累无疑是很可惜的，但是因此就放弃转变从长远来看就更不值得。此时最应采取的策略就是逐步转换，做好当前职位的归纳总结，即形成体系，及时展现，完成转换。

在进行了对经验与知识的归纳总结，并形成体系的基础上，韩韬可以选择内部与外部两条道路：

第五章 压力跳槽，高压之下也疯狂

一是从自身来讲，及时地与上司沟通，提出自己想转变的想法并展示自己的实力，在企业内部寻得适合的职位；

二是从外部条件来讲，在不影响当前工作的前提下，参加相应的培训、沙龙、讲座等，多与咨询类的企业和相关人士接触，提出自己的观点或者发表相应的文章，逐步地使自己被新行业接纳。

经过选择，韩韬决定在企业内部进行转换。在精心的准备和与公司上层进行了充分的沟通后，公司已经决定让韩韬担任培训部经理，主要负责对公司市场销售方面人员的培训。

韩韬的经历告诉我们，勇于选择是对的，但是不能以草率放弃作为代价。真正的上策，是找到其中的关联与途径，让积累与目标得以转化！

面子压力之下，贸然跳槽而去

上班族在工作和生活中遇到挫折和失败是在所难免的，有时面对的失败和挫折甚至难以承受，这些挫折会在人的心里留下很多不愉快，情绪上有不良反应是很正常的。挫折是个体在满足需要的活动中，遇到阻碍和干扰，使个体动机不能实现、个人需要不能满足的一种心理感受。

晓刚是市场采购员，在采购岗位上做了五年，他对工作很上心。每次去采购，他都会做很多市场研究，跟客户的沟通也不错。因为他的努力、细心，赢得了客户和公司领导的信任，三个月前，他终于升为采购部主管。

谁知主管的位置还未坐稳，他就在工作中出了大问题，他把公司最大客户的账户信息弄丢了。第二天拿到客户的备份信息后，再次把备份信息弄丢了！这么一来，整个采购部门又要重新整理、审查客户信息，部门所有人都要陪着他加班加点，同事们难免怨声载道，而领导因为这件事情，原来对他的好印象大打折扣，还把他的主管职位暂时撤掉了。

晓刚觉得自己是最倒霉的人，勤勤恳恳工作这么久，对工作也是认真努力，一心想要在工作上做出一番成绩，可是才出一个错，领导、同事就把他彻底打回了原形。他觉得这件事给他带来的最大打击是扫了他的"面子"，让他在同事、熟人面前抬不起头。最近，晓刚工作时总是心不在焉。他现在完全无心工作，领导交代的工作也做得马马虎虎。晓刚觉得自己越来越心灰意冷，生活没一点意思，不知道

第五章 压力跳槽，高压之下也疯狂

该怎么调整自己的心态。

点评与建议

　　晓刚被撤职后,感到很没"面子","尊严"受损。"尊严",顾名思义是指"可尊敬的身份或地位",而汉语民族的"尊严"是通过"面子"来表达的。"死要面子活受罪"是民间对"面子文化"的一种自嘲与讽刺,"面子情结"是人性的弱点。

　　对于职场人士来说,摔倒了怎么办?从上万件咨询案例的数据表明,有近30%咨询者跳槽的理由是遇到挫折、感觉丢了"面子",只好选择离开。

　　事实上,要"面子"的心理自古有之。楚汉相争,一代枭雄项羽虽然力能举鼎,但是因为放不下"面子"最终演绎了"霸王别姬"的绝唱。

　　项羽在"鸿门宴"上碍于各方的"面子",陶醉在"尊严"之中,最后在瓮中捉鳖的条件下放掉了自己最危险的敌人。项羽自起兵就攻无不克、战无不胜,以弱胜强、绝处逢生,导致其没有任何失败的心理准备。仅"垓下之战"的一次失败,超强的"面子情结",使得项羽无法承受偶然战败的事实,只能吊死在常胜将军的"神坛"上。他没有勇气去面对和重组往日的部下,脆弱的心理素质使其失去了东山再起的信心,留下"纵江东父兄怜而王我,我何面目见之"的千古之恨!

　　不同的人对待挫折的态度是不同的,有的人很快就能从挫折中站起来,"忍辱负重",积极投身工作。而有的人如晓刚一样工作时只想到成功,没有想到失败,一旦遭受挫折就会一蹶不振,陷入苦闷、焦虑情绪之中不能自拔。他们不能进行正确的受挫归因,调整好目标,努力去争取新的机会。

　　因为"忍辱负重"需要"漫长"的时间成本,需要承受"巨大"压力的心理成本,甚至需要超越人生对"污辱"的忍受极限。如果对待"忍辱负重"没有长期、艰苦的思想准备,是很难到达成功彼岸的。

而晓刚恰恰缺少"忍辱负重"的思想准备,凡事从"面子"出发,而与领导、客户、同事等斤斤计较,始终走不出"失败"的心理阴影。

针对晓刚的情况,心理学家给出这样的建议:

首先晓刚要抛弃这种死要"面子"的虚荣心理,认真进行自查自省。事情已然发生,谁都没有回天之力,重要的是要承认事实,可以细细品味"失败乃成功之母"这句话。认真分析、审视自己受挫的过程,多从自身找原因,克服工作中自身存在的问题。

其次,可将心中的苦闷向亲近的人倾诉。要把自己的情绪宣泄出来。向亲近的人倾诉的时候,心中的痛苦也会随着语言的倾吐而扩散出去。

另外,学会自我安慰。在遭受挫折后,要冷静地看一下周围的人,就会发现其实还有很多人受挫更大、困难更多、处境更差。通过挫折程度比较,将自己的失控情绪逐步转化为平心静气。找出自己的优势点,强化优势感,从而扩张挫折承受力。这是事物相互转化的辩证法。挫折同样蕴含力量,处理得好,也可以激发自己的潜力。

最后,设定并调整可行的阶段目标。如果职场上的挫折干扰了自己原有的工作步骤,就要反思之前所走的路是否正确。比如晓刚,可能就是因为以前太顺利,把目标定得太高,才会导致手头上出现常规的失误。所以一定要重新把现阶段的工作目标定好,努力完成眼前的工作。

总之,失败中深藏着求生的意愿、成功的契机和超然的心绪。只要学会正确对待挫折失败,才能在以后的工作中少走弯路、少犯错误,能"忍辱负重"的人才能取得更大的成功。

无法适应新上司而跳槽

人的因素在现在的职场中日益重要起来，商业社会讲求团队精神，注重分工合作，因此以原来团队中的人无法合作而选择离开似乎也显得理直气壮。其实，组织中的人际氛围是需要经营的，如果自己不能主动地去适应组织以及其中的人，那就会出现"寻寻觅觅寻不到适合的环境"的现象。

27岁的小文一头长发，给人一种很飘逸的感觉。她上研究生的时候开始打工，做过行政秘书、兼职编辑、公关专员等工作，硕士毕业后，分配在某个研究所做行政秘书和研究人员。在工作中她的能力没有问题，深受领导和同事的喜爱，在研究所里发展得很不错。谁知道，最近她却突然提出了辞职，坚决离开了研究所，让所有的人大跌眼镜。

小文之所以选择离开，其实是因为上司被调走了。以前上司人很好，和她相互很了解，在工作中配合得也不错，现在新来的这位她怎么看都不顺眼，实在没有办法一起工作下去。她觉得和自己不喜欢的人在一起工作真的很难受，工作的积极性根本就无法调动起来，不走，还能怎么办？

点评与建议

从小文所表现出来的特点来看，她应该是一个艺术倾向较高的人，对交往的人有着较高的要求。那么首先要做的就是找到自己认可的老板，可是你知道职场上有很多选择：选择行业、选择职业、选择企业、选择老板，最难的就是最后这一项。如果你现在有足够的能力选择老板，那你就来去自由，如果现在还在积累阶段，那最好先积累实力，再做打算。

　　这里有一句题外话，但还是值得一说：每当年底的时候，大家似乎都在结算，对这一年的得与失进行衡量，对新的一年的去与留做出选择。年关过后选择跳槽的理由还有很多，选择跳槽的人更多，这看似在与老板算账，实为与自己衡量，其中有多少人真正明白自己究竟要走向何方？望大家在身边的环境不断升温的同时，让可贵的冷静保持上风！

第五章 压力跳槽，高压之下也疯狂

为破瓶颈跳槽，反陷迷茫之中

有些员工跳槽实在是迫不得已，有的是因为不适应现在的公司制度和管理方式，有的是因为和同事、上司关系不和……在原公司条件不好的情况下，遇见大公司，有更好的工作机会，能改变现状，就会一走了之。李莹和周华就是两个典型的例子。

李莹刚毕业的时候，进一家小公司做助理。实际上，她的工作就是打字、复印、倒水、跑腿等别的同事都不愿意做的事情。过了一年多，李莹仍然做着这样的事情，她觉得自己的工作已经没有空间可言，就辞职了。

跳槽到另一家公司后，情况也不是很好，工资特别低，每月只有1500元，仅仅能维持自己的温饱。每天都是繁忙的工作任务，她根本没有心思做长远的打算。更糟糕的是，公司经常加班，却没有加班费，更别说车补饭补了，老板还总是一副指使保姆的架势。

碰巧有朋友给她介绍一份大公司的工作，她就参加了面试，不久，就跳到了这家大公司。

周华特别有上进心，在一家待遇很好的公司工作了好长时间。因为已经能很熟练地掌握工作技巧，周华每次的业绩考核都很好，工作待遇也不错。但是，让周华郁闷的是，他找不到自己的成长机会，这不符合他的职业规划。

跳槽还是不跳？这让周华陷入矛盾中。周华提笔在纸上列出了自己在未来十年的职业规划，然后先后分析了所在公司和打算跳槽的公司各自提供的平台，以及实现自我目标的可能性、成长的速度和工作的报酬等。结果他发现在报酬持平的情况下，新公司能给他提供更大的舞台，让自己更快、更好地到达目标。于是，他很快就作出了跳槽的决定。

点评与建议

有些员工在公司里实在发展不下去了，就会像李莹这样选择跳槽。还有些员工觉得自己没有成长的机会了，像周华这样，很多员工为了突破个人职业生涯的"瓶颈"，就选择了跳槽，他们总会觉得新的环境、新的关系对自己的职业发展会有很好的刺激，会让自己加速向自己的人生目标前进。但是，还有很多员工，并没有明确的跳槽目标，选择的都是名气大或者薪水高的公司，一旦跳槽，发现自己并不适合这个岗位，就会陷入迷茫之中。也有些员工选择跳槽，只是因为盲目地攀比，这样更容易让自己心态失衡，总会觉得创业比做员工强，白领总比蓝领体面，做研发总比做服务强……一旦意识到自己处于劣势的地位，就会很沮丧，陷入消极、倦怠之中，并认为只有跳槽才能解决自己遇到的问题。

事实上，影响我们的只能是我们自己、我们的心态，而不是别人的生活模式和生活方法。只要我们心态好了，我们就不会羡慕别人的高薪酬、好福利，而是依据自己的职业规划的方向走，并一直走到自己想要到达的地方。

跳还是不跳，你作出了什么样的选择，就注定给予自己什么样的结果。但关键的一点就是，选择这份工作的时候，你不要脱离现实，过高过低的选择，都是一件浪费时间的事情。即使自己拥有了这份工作，也做不好，一点意义都没有。

"职业枯竭",不甘压力想跳槽

"职业枯竭症"又称"职业倦怠症",这是一种源自心理的疲惫。有调查显示,企业白领、心理咨询师、教师、医护人员、新闻工作者、警察等职业人群是职业枯竭症的高危人群。工作其实一样,长期处在同一领域,对于相同的信息每天都要大量地接受,难免会产生倦怠以及心理上的疲劳,就会失去最初的新鲜感,感到乏味、枯燥,提不起精神,从而引发职场倦怠症。于是,很多员工每天都踩着点去上班,到了办公室,就坐在电脑前,浏览一下网页,和同事聊聊天,打一下私人电话……好不容易开始工作了,也会敷衍了事,能少干就不多干……长此以往,不甘枯燥,于是跳槽思想萌动。

在职场上,你是否有这样的感觉:本来是自己向往已久的工作,但做了一段时间后,慢慢地就失去了活力、激情和斗志。感到无法承受现在的工作压力,不能胜任现在的工作,觉得自己的思想就像被吸光了一样,毫无灵感,心情也变得极度烦躁,经常感到疲倦,对什么都不感兴趣。如果是这样,很有可能你已经患上职业枯竭症了。

艳秋是一名普通的人民警察,女警察在外人看来很酷。其实,工作压力非常大,每天要面对的就是犯罪、流血。通宵值班是常有的事情,单位每名警察平均每周值班两天,一值就是整整24小时。随时要准备应付突发事件,第二天休息两三个小时,又马上连轴转了。艳秋形容自己是个没有心的永动机,因为很多时候她都是在机械地处理工作,值晚班、做笔录、抓小偷等。

在人们心目中,警察就是所有人的保护神。但是,艳秋再也不像刚上班的时候那样为此感到自豪了。她现在最害怕有人喊她警察。她觉得"警察"这两个字，自己已经承受不起了。有时候，她甚至想离职，换一份轻松点的工作。

点评与建议

如果你也有艳秋一样的情况，那就看看专家为我们支的招吧：

一是试着去寻找工作中的"新鲜点"。这一条类似于寻找伴侣身上新的闪光点，比如，你忽然发现一向花钱大手大脚的爱人，其实财商还蛮高，对一些投资项目的敏感，不得不让你佩服。而在工作中，你不妨重新审视一下自己所处的环境，自己的日常工作内容，从中发现新的乐趣以及新的挑战。新的乐趣可以减缓每天面对大批量重复信息的厌倦感，而新的挑战则可以赋予工作激情，激发斗志。

二是做到劳逸结合。如果你长期坚持每天工作到晚上12时，那么早晚有一天，你会"崩溃"。如果你的工作非常模式化，那就更应该适当地改变一下，比如找个风景秀美的地方散散心，去做一件一直想做却因为工作忙而一直未做的事情。

三是提高自己的适应能力。很多人会因为选择了一份自己喜欢的工作而欢欣鼓舞，可是没多久，却变得垂头丧气，觉得自己对工作的兴趣在下降。这是因为在工作的过程中遇到了太多的问题，打击了自己当初的积极性。遇到了问题，逃避不是解决问题的办法，需要做的是提高适应工作、适应环境的能力。尤其是参加工作的头几年，是职业素养和工作习惯养成的关键时期，此时形成的心态将对日后的职业发展产生重大的影响。

四是及时倾诉。当你陷入了职业枯竭的状态时，不妨向家人、朋友或同事倾诉，把心里的消极情感如愤怒、恐惧、挫折等及时地说出来，而不是闷在心中。也许他们会给你一些恳切的建议，即便不能给你建议，也可以在心理上给你一些安慰，舒缓你的压力和紧张情绪。

职场压力，女性跳槽更难

职场女性跳槽难的问题，首要体现在这一群年近三十，有一定的社会经历和才能，在现有公司却未担任要职也并没有什么发展空间的女性身上。女性跳槽却要顾忌很多，如：家庭形态变动，跳槽负担过重；跳槽难度加大，顾忌重重；自身的改变妨碍了跳槽；才能有限，不好选择；等等。下面这几个女性的跳槽过程，就从不同侧面反映了这些问题。

年近30岁的程女士结婚后为了带孩子，选择了一份完全无法体现本身价值的工作，到了孩子两岁的时候，她想孩子大一些，她终于可以为自己的事业认真思索一下了。

程女士认为跳槽就可以重新选择自己喜欢的工作，然而真的跳槽去了另一家单位之后，因为工作太多，老公就开始埋怨她应该找一份轻松的工作，应该多顾家里。她本人也感觉这么一忙也是打乱了本来的家庭氛围，每天都觉得很累。跳槽，给程女士造成了家庭与事业的失衡。

35岁的张小姐至今未婚，从国外念书回来，在一家企业做企划部经理。但每天杂事多多，令她苦不堪言，于是决定跳槽。可让她这个"海归"没想到的是，工作很不好找，对方挑剔本人，本人也挑剔企业。几番折腾下来，她经常觉得步履繁重，踌躇不前，一直找了七个月也没有结果。

张小姐很是苦恼，她想假如自己还是"冲劲十足"的"毛丫头"还无所谓，而成了大龄女之后就会分明感到机会不多了，而将来的路途也变得窄了，选择变得越来越难了。常常有一种高不成低不就的感觉，因而堕入跳槽难的恶性循环中。

林小姐做老板的助理，但这家公司太小了，当她想到"跳槽"这个字眼儿时，她忽然十分惧怕。由于在外人眼中，她是个女强人，精悍果断，可是在她的心里，似乎永远在跟随着什么。作为高层管理人，林小姐晓得获得什么，也晓得落空什么，她难以均衡"得"与"失"。

林小姐渐渐感觉到，跳槽是一场"和本人的奋斗"，而这样的感觉又加剧了她的忧虑，她不时地问自己："我能行吗？"然而，问到最终却发生了"我大约不可"的错觉：就因为这个不确定的"大约"，林小姐索性抛弃了原来的工作。

陈小姐大学毕业四年了，已经换了多份工作，却没有一份做得长，也并没有积累到什么经验。后来，她再次跳槽。也只是投一些助理、办事员之类的底层职位，依然被各大企业所冷落。

陈小姐自己后来也琢磨：她的简历之所以老是被第一批裁减，是因为任何一家公司雇用底层职位时，更愿意选择一些刚毕业的应届生，他们薪水低，又是新人，便于教诲。而像她这样才能有限又没有结婚生子，公司还将赔上婚假产假，还不如找个新人从头教起。这样一想，陈小姐决定把自己的档次提高，就去进修了。

点评与建议

其实，虽然女性跳槽难点不少，但只需掌握一些关键的地方就可以让跳槽的路途走得顺畅一些：

一是不要问"我要什么"，而要问"我可以不要什么"。由于人的心理有一个特点——"讨厌失去"，人们很难忘记曾经有过的落拓、尊敬、成就等，很多人都由于"要"而跳槽，但真正影响你的心理感触的不是要到了什么，而是落空了什么，所以你只需把你可以接受的最大损失想清楚，跳槽也许就不难进行了。

二是不要把前面的单位当成"归宿"，而要把它当成一个"站点"。这是职场上的规矩，没有可以长时间待下去的单位，没有长时间协作的老板，转变、更新是职场的主旋律。所以，跳槽的计划首要是要调查下一个单位是不是有助于本人的进步，这种进步能够是常识上的、经历上的、才能上的，也能够是心思上的、人际关系上的。每一个"站点"都是为了下一步更好地开展做预备。

三是不要过于在乎年龄，而要在乎时机。很多女性跳槽是由于"年龄大了，再不跳槽就来不及了"，但就跳槽而言，主要的是时机问题，要思索这个时机是不是很有风险，是不是适合本人，是不是可以掌握，是不是可以继续开展。假如真是一个不错的时机，就要勇敢地抓住，假如没有掌握，就不要草率行事。

四是短期不要把家庭看得过重，应该从长远考虑家庭的幸福。跳槽会打破很多均衡形态，但就长时间而言，在自我开展的同时还可以提升家庭生活质量。所以，跳槽，要选择将来可以给家庭带来幸福的工作，在跳槽前后要忍耐生活中的慌乱、失衡、埋怨，争取别人的了解和支撑，也可以请外援协助。

上司难处,不堪压力便跳槽

现实生活中,并不是每个人跳槽都是为了工资更高、待遇更好,有不少人觉得职场环境与心情很重要,当这些得不到满足的时候,他们就会选择跳槽。

小许从大专毕业就在一家中等规模物流公司工作,一晃就是六年,虽然也有一些跳槽的机会,但他始终没有想过要离开这家公司。因为他不喜欢变化,而且部门经理人很好,对待属下宽严相济,部门业绩一直是公司里最好的。六年来,大家都过得很轻松也很充实。但上个月,小许跳槽了,因为换了经理,整个部门的风气变了。

据说新任部门经理嘴上功夫了得,基本上每天总有人会挨骂。最痛苦的是每个星期一的例会,必须报告你上个星期做了什么,这个礼拜打算做些什么,然后告诉你这也不对,那也不对,而如果有人上个星期什么事情做得不好,那他更倒霉了,开会作为重点挨批对象,有时甚至还被骂娘。平时只要他在,大家就如临大敌,但越是谨慎,做错的事越多,挨骂的机会就更多。

小许在这种环境里待着,人变得很压抑,心情很糟糕,最终他选择了跳槽。

点评与建议

每个人都有自己的性格,有些人与上司的性格"相克",很难共处,沟通交流困难,自然在工作中感到很憋屈,进而选择跳槽。这种逃避型跳槽要从两方面考虑,有些时候确实是上司性格问题,不得不走，但更多的时候是因为跳槽者不够成熟，不知道如何与他人沟通与交流。他们如果不能改变自身的处事方式，即使跳槽，也难有大的发展，因为在新的公司你很有可能碰到更难相处的上司。

另外，现在职场上拿跳槽当家常便饭的大有人在，他们大多也属于此类型。他们在企业中经历往往比较浅，也没有什么特长和技能，但"这山望着那山高"。因为没有成绩，平时不被上司或老板重视，企业给的待遇自然也低，在思维观念中有种"怀才不遇"的感觉，就埋怨环境，到了一个新的单位，依然不满意，只好接着"跳"。

压力下的冲动，横跨行业要三思

改变能改变的，接受不能改变的。反之，如果觉得自己的做人原则更重要，那么你跳槽之后的亲身体验已经证明你不适应这个行业，应该迅速离开，不要试图靠一己之力改变一个行业。

小艾原来在一家国内数一数二的网站做销售工作，收入也很不错，但工作几年下来，觉得不再有什么发展。

春天的时候，在朋友的帮助下，同时也凭借自己卓越的销售业务能力，小艾进入了一家世界500强的医药公司任职医药代表。丰厚的底薪、完善的福利政策以及颇具前途的发展起初让小艾兴奋不已，觉得自己选择跳槽很正确，这一步走得"值"！

但半年过去了，小艾有些郁闷。小艾真正接触了医药代表业务后发现，原来一切要比自己当初预料的困难得多。晦涩难懂的医药名词、"黑暗"的业务销售模式、混乱的公司内部管理，都让他一筹莫展！按说小艾可以选择再跳槽，但外企的福利真的很好，面对丰厚的薪酬和福利，小艾真是有点儿舍不得。

现在小艾天天发愁，不知道该怎么办，只好拼命学着适应。

点评与建议

小艾可以说是被福利待遇给"腐蚀"了，虽然跳槽结果不如意，但他还是在坚守。

其实，这种跨行业跳槽的失败案例很多，主要原因都是败在不适应新行业的游戏规则。如果目的是为了更高的薪酬，或者更看好这个

第五章 压力跳槽，高压之下也疯狂

行业，那么既然选择了新的环境，就不要受之前模式的困扰，适应这个行业的"行规"。

事实上，同行业跳槽也会碰到前后公司的管理模式、行为方式上的冲突，尤其是从大企业向小企业跳槽。小企业大多是私营的，在大企业待惯了的跳槽者往往冲着高薪高职而来，却受不了那种家族式的、小气的管理模式，最后也会忍不住走人。

但值得提醒的是，萌生跳槽冲动时，最好先问问自己，为什么想跳槽。如果是情绪问题，可先自我调整，毕竟到了新东家还可能从事相同工作，如果薪资福利相当，到新环境一段时间后，仍会出现同样的心理波动。如是打算自我创业，也要先考虑到可能出现的各种困难。

拿在压力下充电当跳槽的理由

职场上不少人又开始考虑如何"辞旧迎新",换一份新的工作了。也有一些人考虑跳槽之后,安排读书、学习,给自己充充电。但这看似平常的安排中,却存在着不少问题。

兰华毕业于某大学计算机系本科,就职于一家网络公司,干了5年,觉得工作枯燥,没有太大发展空间。

兰华想自己办公司,又缺乏资金和勇气;想到好一点儿的外企应聘,外语又达不到要求。最后,他选择辞职去读MBA,认为这样可为将来办公司积累知识和人脉,同时可以提高外语水平。可是由于外语的原因,他只考上一个二流MBA学校。两年的学习虽然增长了不少见识,同时也花光了工作后的积蓄。

毕业后,由于缺乏相关管理经验,兰华在找工作时遇到了困难,想自己开公司,还是面临当初同样的问题,仿佛一切又回到了起点。

点评与建议

当前,充电成为许多人跳槽时冠冕堂皇的理由,MBA、各类证书,或是考研、读博,吸引了崇尚学习和考试的国人。一提充电,本来难以决定的辞职一下变得容易了,花钱似乎也有了正当理由,就像兰华一样。这类人的心态通常有如下特点:

一是未来发展目标不明确、充电科目与自身强项联系并不紧密。学习MBA的确有许多明显的好处,但是,这些好处是否与个人特点和发展方向相一致,是值得思考的。如果坐车的方向与自己的目的地不一致，一切都是枉然，更何况要搭上不菲的时间和金钱。

二是现实工作中存在问题，如性格与工作不匹配，与同事相处不和谐，薪酬不够理想，等等，但自己不愿意认真面对。选择离职充电，可暂时回避现实中的矛盾和困难，但是充电结束后，大多数人仍要面对同样的问题，而那时由于机会成本的增加，再做选择只能更加困难。

三是充电后得到某些光环，可以部分满足个人对成功的向往。很多人在充电后能够得到令人美慕的文凭或经验，但兰华幻想通过相对简单的学业的成功来替代实际的成功感，即通过心理学上的"象征"来获得心理上虚假的满足，这是不现实的。

每个人都有自我实现的愿望，但如果与行动脱离，与将来发展不一致，所有的行动就是"虚假"的行动，充电只是一种"虚假"的充电，并不能带来真正的效益，只能称为"缓兵之计"。延缓直面现实困难和自身弱点的时间，也拖延了获得成功和满足的时间。因此，当你想为了充电而辞职时，还是应三思而后行。

首先要问自己："是不是在逃避什么？"如果你觉得有逃避的成分，那就要进一步问自己："是什么让我感到害怕？"是自身能力问题、人际关系问题，还是长远发展问题？

接着还要问最重要的问题：你最希望获得什么？是MBA的光环，还是符合自己兴趣和能力的核心竞争力？如果是后者，你可以通过哪些途径达到令你满意的目标？是在原单位继续坚持，是更换岗位寻求突破，还是利用业余时间学习必要技能，或是跳槽到更有发展空间的公司？

总之，每一个选择都有成功和失败两种可能。但是，一定不能有逃避的心态。只有这样，才能最终突破自我，实现自我。

职场专家给压力跳槽者的忠告

职场压力不仅后果是严重的,其普遍程度也令人咂舌。世界卫生组织称,工作压力是"世界范围的流行病"。于是,社会、社会组织、个体都面临一个不可回避的课题——职场压力,那么,我们又该如何正确地面对呢?

第一,形成正确认知。

一是要对压力有个正确的认识。应该认识到压力的本质是什么,认识到压力的必然性与必要性。尤其是不仅要认识到它的消极面,还要认识到它的积极面。著名心理学家罗伯尔说得好:"压力如同一把刀,它可以为我们所用,也可以把我们割伤。那要看你握住的是刀刃还是刀柄。"

二是正确评估自己、接受自己。不要过高地把自己定位于无所不能,也不要把自己看得一无是处。每个人都是有所能而有所不能,找到自己最擅长的那一点,并使之最大化,你就因游刃有余而倍感轻松。永远保持一颗平常心,不要把目标定得高不可攀,凡事量力而行,随时调整目标也未必是弱者的表现。不要时时处处与别人比,尤其是不要拿自己的短处与别人的长处比。你可以分析一下你所有熟悉的人,他们一定有比你优越之处,但也一定有不如你之处,不会有意外。

三是认识环境、适应环境。我们正处在一个竞争激烈的现代社会,这是一个适者生存的世界。这个环境中肯定有许多不公平、不合理、不适应、不近人情之处,但对个体来说,这个环境又是不可更改的事实前提。我们只能入乡随俗，而不可能让乡俗随我。如果我们对环境的埋怨能改变环境，那我们大家就一起去埋怨吧，埋怨可是件不费多大力气的事。可惜的是，埋怨不能改变环境，不能解决问题。

第二，调整自我心态。

禅宗有句名言："风也没动，帆也没动，是心动。"心理学家说：你眼中的世界是你想看到的世界；你做出的反应，不仅是外部因素的导引，也是内心欲望的驱使。所以，缓解压力，的确需要在外部营造一个宽松的环境；此外，更需要内部有个良好的心态：

一是记住好事，忘记坏事。你的心情不是取决于你尽遇上好事，还是尽遇上坏事，而是取决于你是记住好事，还是记住坏事。

二是利用幽默。工作是严肃的，但严肃不意味着刻板、死气沉沉。在工作中，有一些适当的、高品位的幽默可以化解冲突，可以活跃气氛，可以振奋精神，可以缓解压力，并且它是低成本甚至是无成本，我们没有任何理由排斥它。

三是积极的自我暗示。我们要多对自己说一些："我行！我能胜任！我很坚强！我不惧怕压力！我喜欢挑战！"少对自己说一些："我不行！我太差了！我受不了了！我要崩溃了。"积极的自我暗示可以影响你的心态，进而影响你的行为及其行为结果。

四是保持乐观。乐观与悲观可以说是人们给自己解释成功与失败的两种不同方法。乐观者把失败看做可以改变的事情，这样，他们就能转败为胜，获得成功；悲观者则认为失败是由其内部永恒的特性所决定的，他们对此无能为力。这两种迥然不同的看法对人们的生活质量有着直接的、深刻的影响。

五是珍惜你所拥有的。人性的一个共同的弱点就是企盼得到自己没有得到的东西，而对自己现在所拥有的一切却不那么珍惜。只有在失去自己现在所拥有的东西时，才倍感它的珍贵与不可替代。

六是善用合理化机制。把得不到的东西说成是不好的，把自己得到的东西看成是完美的、符合自己意愿的，由此来减轻内心的失望与痛苦，这就是"酸葡萄机制"和"甜柠檬机制"或曰"合理化机制"的本质所在。这种行为虽然不乏自欺欺人的色彩，但作为一种心理防御机制，适当地运用，那么对保持人类的心理健康、恢复心理平衡是有益的。

七是学会放弃。生活中，大部分人心里都在想如何更多地"拥有"，如面子、金钱、地位、权力、信任、知识、经验、能力、学历、人际关系，正所谓一样都不能少，通吃最好。结果是想拥有得越多，心理包袱就越大、越重。其实，我们可以放弃一些，拥有得太多，不也累得慌吗？

八是保持良好的心境。心境对一个人的影响不可低估。忧郁的心境会导致生理上和心理上一系列的病变。而积极、愉快的心境对一个人的身心健康、工作学习的顺利、事业的成功大有帮助，对于正确看待压力、缓解压力，化压力为动力也大为有益。所以，我们要特别注意适时调整自己的心境，使之处于一个良好的状态，至少说，不因自身心境的原因而徒增那些本来并不存在的压力。

第三，善于应对工作。

回避工作去谈减压，工作压力是减了，生活压力又来了，发展的压力又到了。正所谓"按下葫芦起了瓢"。工作是必需的，我们的所有减压措施只能在不低于现有绩效，甚至超过现有绩效的前提下才有现实意义，才有可行性。或者说，如果我们的工作效率与效益更高了，压力自然会有所减轻。具体举措如下：

一是设计好职业生涯规划。你不可能适合做所有的工作，也不可能所有的工作都适合你。找到自己最恰当的职业定位点，你面对工作可能会乐此不疲，干起事来则游刃有余；你会赢得尊重，你会获得自尊；当然你也能得到应得的高额报偿，压力在你面前只是一个接一个有趣的挑战，而不是能够压垮你的负担。

二是提升工作能力。一个真正活得踏实的人是获得"个人安全感"的人。个人安全感最主要的成分就是对自身工作的高度胜任。俗话说："艺高人胆大。"艺高人也自信、也充实。的确，当你对工作高度胜任之时，你的面前就不会有很大的压力，即使有压力也能坦然面对。

三是扮演好你在工作中的角色。社会是一个大舞台，每个人都在其中扮演一定的角色。角色扮演得成功与否，直接关系到一个人的生活质量、社会关系状态以及自我的内心感受。从诸多实例中，我们发现，许多职场人士的工作压力在很大程度上来自于工作中没能正确扮演好自己的角色，即角色混乱所致。

四是挖掘工作中的积极面。如果仅把工作作为谋生的手段，对之毫无兴趣，体验不到任何的乐趣与成就感，那是够累的。工作是繁重的，也是枯燥的，但也未必没有一点儿乐趣。我们要努力去寻找这种乐趣，去体验其中的快感。

五是学会分解、传递压力。要学会把压力分解、传递到你所在的团队的其他人身上。这不是推诿，什么事都是你一人做、一人担，别人也只好袖手旁观了。没准还有人在背后骂你呢！

六是搞好工作中的人际关系。这包括与同事建立有益的、愉快的合作的关系，与老板建立有效的、支持性的关系，善于利用各种社会支持，多建立培养一些非工作关系的人际交往圈子，使他们在关键时刻可以成为你的倾听者和意见提供者。

七是做时间的主人。要由你来安排做事的时间，而不是由事情来占满你的时间。工作压力每每与时间的紧迫感相伴相生。职场人士总是感到事情堆积如山，时间不够用。这就要求由你自己主动地、有序地、合理地安排时间。譬如，根据事情的轻重缓急来安排解决时序；有些工作做在事件发生之前，而不是事后去救火。

八是把工作与休息明确分开。工作时好好工作，休息时好好休息，总之，一定要有个界限。如果无时无刻不在想工作、干工作，工作压力就来了。这对你个人不利，对工作也不利。

第四，学会缓解压力的方式。

享受生活并通过享受生活来缓解压力的方式大致分为以下四类：即保健活动，如适度的睡眠、讲究营养学、参与体育活动、形成良好的生活习惯与态度；休闲活动，如度假、泡澡、按摩、泡吧（咖啡馆、茶楼）及多结交工作以外的朋友；娱乐活动，如欣赏音乐、养宠物、看电影、戏剧等；家庭活动，如与孩子亲近、打扮自己、购物等。

以下提供几种心理减压技术，虽然不能保证哪一种最有效，但肯定有一种能在不同程度上为您的减压、放松提供有效的支持。

一是理性情绪法。理性情绪法的出发点是，只有改变人的非理性观念，建立新的理性观念才能消除人的原有心理障碍。人们的压力每每与非理性观念有关，因此，驳斥了非理性观念，建立起理性观念，人们的压力就能得到缓解。

二是宣泄法。弗洛伊德指出，每个人都有一个本能的侵犯能量储存器，在储存器里，侵犯能量的总量是固定的，它总是要通过某种方式表现出来，从而使个人内部的侵犯性驱力减弱。

哭是一个非常好的心理释放。作为一种纯真的情感爆发，哭是人的一种保护性反应，是释放体内积聚的神经能量、排出体内毒素、调整机体平衡的一种方式。

发泄可以把想打的人痛打一顿，把想骂的人痛骂一番当然并不提倡。或者大喊大叫、扭毛巾、打枕头、捶沙发等。还可随身携带一个小皮球，郁闷的时候、要发火的时候，就狠狠地捏它一下。

把压力、烦恼写出来。把压力、烦恼写出来，哪怕有点夸张——"为赋新诗强说愁"。还有一种更为直接的方法就是记压力日记，把引发你压力的事件记录下来，再作理性分析，然后找出相应的对策。

三是自我催眠法。所谓自我催眠，即指自己诱导自己进入催眠状态，利用"肯定暗示"促使潜意识活动，从而达到治愈疾病、调节身心的目的。它的特点是，在任何时候、任何场合都可以进行。它的操作过程简便易学，从开始到结束都完全由自身控制。它对于调整自我心态、提高身心效率、开发自我潜能、缓解心理压力都有一定的作用。

四是瑜伽法。许多人只认识到瑜伽对减肥、美容、护肤有帮助。其实，瑜伽更大的作用在于对人身心的高度放松。

第六章
频繁跳槽，意气用事也疯狂

许多年轻的职场人士，大多都有这样的职场经历：经过职场前十年的轮回后，发现自己再也升不上去，而升不上去的原因就是自己频繁跳槽的经历。然而自己走过的道路，又无法更改，所以人生一旦脚步迈出就无法收回。这就是频繁跳槽的代价。浮躁的人创业，将是其人生最大的陷阱。这样的人，大多浪迹一生，潦倒残喘，不足为法。

缺乏准确定位频繁跳槽

每个人都必须要在对职业类型和个人的状况做出分析的基础上，深入了解职业种类、特点、性质和要求以及该职业发展前景后再做决定，合理设计职业生涯，从而选择最适合自己的职业。在当今竞争激烈的环境下，没有找到更合适、更好的岗位时，切勿盲目跳槽。

毕业没多久的小陈是本科学历，电子商务专业，性格外向，毕业时没费多大劲就找到了一家广告公司，当上了市场部经理助理。一开始劲头很足，大事小事样样揽上身。可是半年不到，小陈对日渐熟悉的工作逐渐生厌，不久便辞掉了工作。

失业后一直找不到称心工作的小陈，无奈之下只能到一家食品加工公司工作，同时也萌发了继续深造的念头，于是在工作的同时又读了MBA。

但没过多久，生性活泼的小陈感到公司气氛沉闷，加之对食品行业丝毫不感兴趣，于是又再谋职业，到了一家咨询公司做宣传。

谁想到，几个月后，他又以公司规模不大为理由再次跳槽。

点评与建议

小陈的优点在于学习能力较强，能很快适应新环境。但其缺点是对自身能力不了解，不珍惜就业机会。

职业类型一般分成五类：

一是技术型。出于自身个性与爱好考虑，更愿意在自己所熟的专业技术领域发展。

二是管理型。有强烈的愿望去做管理人员，同时经验也告诉他们自己有能力达到高层领导岗位。

三是创造型。认为只有完全属于自己、实实在在的工作才能体现自己的才干。

四是自由独立型。不愿像在大公司里那样彼此依赖，同时也有相当高的技术型职业定位。

五是安全型。最关心的是职业的长期稳定性和安全性。

小陈毕业不到三年，却从技术型跳到管理型再到自由独立型行业，频率极高，既没有某一行业丰富的行业经验，也没有某一职位的职位经验。表面上看好像很能干，可是实际上职位层次都不高。

此外，像小陈这样没有明确的职业定位就去盲目充电的人很多。近年来，MBA年轻化趋势非常突出。其实，充电并不是解决职场定位模糊的出路，只有找准自己的位置，才能有的放矢地充电。

第六章 频繁跳槽，意气用事也疯狂

随性跳槽，没有职业规划

毕业三年以下的人，跳槽特别频繁。为何这些人如此频繁地跳槽？大多是患上了以下一个或几个"病症"，难以克服：一是好高骛远症。没想到现实的工作总是一些琐碎小事，甚至还要受气，于是感觉乏味、厌恶。二是自以为是症。对自己估计过高，对工作总有破坏性的意见，而没有建设性的意见，结果往往是脱离实际。三是工作焦虑症。急于在领导和同事面前做出成绩，过分苛求自己，经常处于焦虑之中，导致心情不佳。四是交际恐惧症。很清高，不愿意"奉承"领导，不愿意"讨好"同事，不愿意"取悦"客户，不能结交新朋友，只守住一份怀念，寂寞孤独。五是高压恐惧症。在学校时"舒服"惯了，工作后对于每天打卡上班、加班加点的工作极不适应，加上其他的压力，于是感觉度日如年。六是繁华失落症。看到城市繁华的景色，感受着富人丰富的物质，甚至看到某些同事的潇洒生活，再想到自己眼下菲薄的薪水、脏乱的小屋和粗糙的生活，于是产生失落感。

人才的合理流动可以极大地激发人的创造力，促进人的解放，同时也可以使社会资源得到更合理的配置。但是，面对这样一群稚气未脱的"老跳"，必须对他们的就业观进行一定的修正，否则会误导更多的年轻人。

吴小姐，24岁，毕业于某重点大学，本科学历，工作年限两年左右，先后跳槽五次之多，行业涉及房地产、化妆品、教育咨询、传媒等，所从事的具体工作也有服务、营销、策划、编辑四项之多。

吴小姐在大学所学的专业为国际贸易，但她的长项却比较倾向于中文，写作能力和口头表达能力均非常优秀。在校期间，一直担任教授助理，并且独自寻找了一个加盟项目，在家乡担任整个城市的代理商，先期运作比较成功。因为这些经历，吴小姐在毕业时对自己的期望较高，不甘心在大公司从低层做起，而是想进入一家规模不大但是有发展前途的公司，可以一开始就受重视，以最快的速度成长，然后再自己创业。以下是吴小姐的工作简历：

2007年9月至2008年1月，某知名房地产公司，任物业主任，主要工作职责就是处理投诉之类的事宜。工作非常的清闲稳定，福利待遇也比较让人满意。但是吴小姐认为该工作没有挑战性，并且发展空间很小。

2008年1月至2008年6月，某合资化妆品公司，任品牌经理。该公司老板在招聘时对吴小姐极为器重，吴小姐认为自己进入该公司后可以大施拳脚。开始时，吴小姐信心百倍，编写了整套的企业文书、招商方案、对外合同，与客户谈判等。但渐渐发现，老板的经商风格非常保守、吝啬，谈判往往因为极小的折扣或非常少的利益分配而耽搁下来，甚至不欢而散。并且所有的产品都是在作坊式的小型加工厂里贴牌生产，产品质量得不到保障。本来是想与公司一起成长的吴小姐觉得前途渺茫，不顾老板的挽留，毅然辞职。

2008年6月至2009年9月，某台资教育机构，主要销售知名英语教材。该公司有点类似于保险公司，非常注重对员工的培训，甚至用独特的企业文化实现对员工思想的控制。有点理想主义的吴小姐正是被该公司表面上热情奋进的氛围所吸引，接受了这份没有底薪只有提成的工作。可以说，吴小姐在这家公司工作非常出色，身为新人的她第一周的业绩就高居榜首，深受上司的器重和同事的欢迎。但工作一段时间以后，这里高负荷的运作让她的身体严重透支，难以继续支撑下去，并从上司对其他业绩较差员工的冷酷态度上对公司的企业文化产生了质疑，最终在上司和同事的一片惋惜声中离开了该公司。

2008年9月至2010年3月，某咨询策划公司，任销售公关经理、编辑。在该公司工作期间，吴小姐编写了四本营销方面的书籍，策划了

第六章 频繁跳槽，意气用事也疯狂

一些与报社等其他媒体的合作项目，招聘并培训了多名业务员。以往的工作波折、轻率的跳槽经历造成的"后遗症"在此时慢慢表现出来，吴小姐发觉自己变得越来越害怕与客户进行沟通，在公司内部召开业务会议时，她可以很轻松地指导业务员解决工作中遇到的难题，自己却不愿意或者说恐惧与客户交流，有时候她逼着自己去面对客户，事实上也发挥得很好。这种恐惧感，或者说是交流的障碍，让吴小姐非常困扰，却又难以克服。她向老板提出不想再从事营销工作，但有重要项目的时候，老板还是要委派吴小姐。由于无法调整好自己的心态，吴小姐又一次选择了辞职。

2010年3月至今，吴小姐在一家杂志社担任记者。和先前的辗转奔波和业绩压力相比，这里的环境轻松了很多，也让吴小姐从紧张的心理状态中解放了出来。但这份工作真的能让吴小姐找到一种归属感吗？

回想两年左右的从业经历，常让吴小姐觉得有很多的困惑和迷茫，比起刚毕业的时候，她甚至更找不到自己的发展方向。从一开始全心希望去做一份有挑战性的工作，对营销有着满腔的热情和向往，到后来对营销的恐惧、抗拒、厌恶，吴小姐到现在都解释不了自己的心理变化，也不知道该如何去调整。吴小姐的性格具有两面性，在一个活跃的集体里她会非常活跃，在一个安静的集体里她会比别人更沉闷；在上司及同事的器重、鼓励下，她会工作得非常出色；而如果她觉得自己不受重视，她可能会很快地意志消沉，直至选择逃避。她本不喜欢太过安逸的工作，为了挑战自己、提升自己，她换了一份又一份的工作，却感觉自己好像还在原地，目前的状况让她失去了方向，不知道该何去何从。

点评与建议

心理专家对吴小姐进行了"NEW16PF人格测评"，并和她进行了比较深入的交谈，发现吴小姐频频跳槽的经历与她本人的性格特点有很大的关系。

吴小姐的想象力极强，使她具有很浓的"完美主义"倾向，这让她可能在就业选择时过高估计自己，对工作盲目乐观。而一旦实际的工作情况不如她想象的那么顺利、有很多展示自己的机会、深受上司的器重和同事的欢迎，她就会很快地失望，并且很难继续适应下去，而是把希望寄托在下一份工作上。同时，吴小姐具有较强的敏感性，导致她的情绪易受外界环境因素和他人的影响，可能上司或者同事给她某项意见，只是针对工作而言，却会被她看成是否定她的一种信号，以致产生抑郁、烦恼、想要逃避。另一方面，吴小姐的规范性很差，不喜欢被一些循规蹈矩的行为准则所束缚，这在中国目前的企业环境中难以适合，也是她频繁跳槽的一个重要原因。

跳槽一族中有很多人都和吴小姐一样，是因为轻性精神问题才盲目换工作的。可是让人担忧的是，这些人中绝大多数并没有认识到这一点，反而把盲目跳槽看作是对更高品质生活的追求，甚至认为这是对生活和工作充满热情的表现。

对此，职场专家建议，最近更换工作超过3次，每份工作时间不足一年的朋友，有必要确认一下自己更换工作的原因，如果没有充分合理的理由，应该考虑是不是因为心理问题，如果是的话，有必要找专业医生做咨询治疗。

心理专家建议吴小姐可以从事培训讲师、营销策划、记者、人力资源等方面的工作，也可以选择自行创业，避免一些比较细致、琐碎、事务性强的工作，同时进一步明确个人目标和发展机会，以便在各种选择中做出更明智的决策。

针对像吴小姐这样的频繁跳槽者来说，专家认为：在职业生涯的前期，变动频繁问题不是很大。但是每次变动都应该给跳槽者带来不同的经验，跳槽者都应该学习到一定的东西，也就是说，回头来看，在那些看似杂乱的变动中，应该有一条清晰的轨迹。在做变动时，不要轻率下决定，要经过全面的考虑。建议为自己设计一个职业规划，从现在开始到30岁，设定每阶段的目标，这样在换工作时应该会少一些盲目。

跳槽太频繁，心神陷"怪圈"

如今自由选择工作的机会多了，换几份工作是很正常的事。但也有不少人因为跳槽过于频繁，不得不面临职业得不到很好发展的难题。他们以初入社会的年轻人居多，挑战新行业是他们的工作乐趣，不停地辞职，不断地寻找落脚点，却总也跳不出心神俱疲的怪圈。

第一次面试的时候，晶晶的感觉好极了。在短短三十分钟里，晶晶大方的外表，自然的谈吐，给面试的部门领导留下了很好的印象。当时晶晶就觉得，自己一定能得到这份工作。果不其然，晶晶顺利地开始了她的第一份工作，而领导也特别照顾第一次工作的晶晶，推荐了好几本业务方面的书，让晶晶学习。初出茅庐的晶晶，发现自己要学的东西实在太多，下决心把领导推荐的书都看完，好好干出一番成绩。

但晶晶的决心，并没有带给她意想中的成功。几个月过去了，那些书还只是草草翻了几页，而领导交代的工作，也完成得不那么理想。一开始，领导还可以容忍晶晶作为新人的表现，但时间长了，就开始流露出对晶晶的不满。感觉到领导对自己的不满，晶晶非常忐忑，工作更放不开手了。凡事一定考虑很久才能动手，而期间夹杂着的担心、忧虑，更拖延了工作时间。往往准备开始动手时，时间却不够了，只能匆匆完成了事。

不出半年，晶晶再也受不了强烈的自卑感和胆战心惊，决定辞职。晶晶安慰自己说，也许我并不适合这家公司。而在新一次的面试时，晶晶又体会到了第一次面试的自信和来自别人的赏识，这让晶晶很开心，心想，上一份工作的不完美、不成功，终于有机会弥补了。

可换工作，也没有给晶晶带来想象的顺利，反而和上次一样，没过多久就觉得压力太大，想辞职走人。就这样，七年时间里，晶晶竟换了九份工作，最长的一次也只坚持了十个月。每次辞职，晶晶都会给自己个合理的解释，公司的管理理念和我想的不同、想换个更适合自己的行业、和领导的相处不是很愉快……但在面试时，这样的经历也越来越说不过去，刚开始工作换得频繁一点，可以当做是调整，找到适合自己发展的方向，那么份份工作都如此，又该怎么解释呢？

晶晶的底气越来越不足了。每次面对新的工作，她都告诉自己要从头开始，多多学习，但是，最后她还是陷入和过去一样的"怪圈"中——表现不尽如人意，凡事小心翼翼，反而弄巧成拙。

晶晶忐忑地找到心理医生，说出了自己的困惑。

心理医生告诉晶晶，压力是由于我们对事情的看法造成的，而看法直接导致了行为的变化。同时心理医生也注意到，晶晶对自己缺点的看法和对别人批评的看法，似乎特别极端。心理医生问晶晶："每次换工作，你都找一些外在的原因，你对自己有没有疑问呢？""我对自己的疑问，是担心自己无法胜任工作，总想做得好一点，可是总做不到。"晶晶说。"你觉得自己做不到，是因为能力不够，还是别的原因？"

这把晶晶问倒了。在工作中，她一直关心的是，自己还有很多不会的东西、达不到领导对自己的期待、虽然想努力可又很拖沓。这一切，都让晶晶觉得自己能力不足，可当她说出这一点时，心理医生又告诉她："没有什么原因是绝对的，绝对是因为自己，或者绝对不是因为能力不足，这样的原因都很极端。"

晶晶对自己极度不自信，显然和她的跳槽经历有关，不过，要解决眼下的问题，心理医生建议晶晶首先学会察觉别人的情绪变化，学会区分别人的情绪，"如果真的是因为你做得不够好，可以改进，如果不是，就不要归结于自己的错误"。

咨询结束后，晶晶按照心理医生的建议，开始记录工作中的"情绪日记"。当晶晶感觉到上司情绪不对时，她仔细地记录下，到底发生了什么事，对方的表现是什么，而自己的感受又是什么，再针对今天的事情，想一个好的解决方法。

起初的几个星期，一遇到挫折就想逃跑的老毛病还是影响着晶晶，不过，在坚持写了两个月记录以后，晶晶发现自己有了一些变化。晶晶在记录里写道："今天领导对我的反应，没有想象中那么满意，当时我很不安。不过确实有的部分是我做得不够好，但他也没有表现得很极端，我想，我可以改进。"晶晶的注意力，渐渐从担心自己表现不够好，转移到了解决工作中的问题上。而这个改变，也令她意识到，七年中的九次跳槽，大多数都是为了逃避自己的失败感，而尝试去面对失败感，就能帮助自己结束这个恶性循环。

点评与建议

人在无意识中也会跟动物一样有领地意识，安全是这个意识的中心环节。动物如果感觉危险存在，就会迁移到新的领地，为自己筑新的窝，设新的防御。但动物不会为这样的事烦恼，只要安全，仿佛再苦再累也乐在其中。人类因为有许多观念，行为上就会有一种价值评判，也就有了烦恼。从现实角度看，如果因为工作环境频繁跳槽，那么你也会有身心双方面的损失，这也是烦恼之一。晶晶的烦恼恰恰根源于此。快速脱离自我认定的不良环境会让人有一种短暂的心理获益，但这种获益如同喝酒解忧一样会让人成瘾。那些频繁跳槽的人不妨问问自己，会不会是这样的人呢？

新人未进职场，已做跳槽打算

2012年是"90后"大学生首入职场的第一年。对于无处不新潮的90后而言，在职场上标新立异的想法同样备受关注。不少"90后"尽管首份工作还没敲定，很多人心中却有了跳槽时间表。不计较青春成本，全凭自己心气想跳槽就跳槽是很多"90后"应届大学生的普遍心态。

胡景高考前选专业时就把宝押在了热门的IT行业上，觉得只要是和IT沾边，肯定不愁找不到待遇丰厚的好工作，但随着毕业临近，面对千军万马的计算机专业、软件工程专业等应聘生，他才发现就业并非那么乐观，面试了几家大型IT企业均碰壁后，胡景决定采取了一种"曲线救国"的方式。

有一家中日合资的编程公司招程序员，待遇是一个月3000元，不过单位能提供一些专业培训，而且所用的技术都是比较领先的，胡景打算先进去干着看，等赚够了经验再往大公司跳。就这样，胡景接受了这份原本被他视为"IT民工"的工作。

胡景认为，现在每个月的房租就要1200元，赚的这点儿工资还不够我的生活费呢，就是图个经验值，要是以后升职加薪还行，不然的话铁定是要跳槽的。

点评与建议

"90后"进入职场带来了新的风气，个性张扬的他们不再像"70后"、"80后"把工作当作安身立命的人生大事，优越的生活环境让他

第六章 频繁跳槽，意气用事也疯狂

们少有生活压力的切身感受，"有钱又有闲"成了他们的追求目标。不少"90后"认为换工作是个人权利，于是总是这山望着那山高，只要遇到更好的"山头"，便毫不犹豫地"投奔"过去，不愿意耐下性子在稳定中求发展。职业目标在大学期间其实早已确立，进入职场是实现目标的过程，允许根据环境的变化对目标进行修正，但是不要随意改变终极目标，那样的话将使自己茫然不知所措。

频繁跳槽会让职业成就感顿失，所付出的青春成本也很高。尤其是未进入职场就计划跳槽，跳槽是借口，真正的原因是认为自己不可能成功，跳槽成了逃避进取的手段。习惯了跳槽的人自然没有归属感，得不到组织的认可，没有对企业文化的认同，自然不能获得稳定的回报，久而久之成为恶性循环，缺少了激情，责任心下降，朋友圈子也会变得越来越小。

初入职场的新人要学会坚持，首先要树立良好的心态，包括付出的心态、坚持的心态、合作的心态、感恩的心态等。不妨把积极的心态写下来贴在床头，每天看几遍，激励自己。其次，要评估自己的能力、职业兴趣、职业价值观、个性因素等，在此基础上确定职业目标并持之以恒地做下去。最后，经常进行自信、意志力训练。

不计风险，频频跳槽为哪般

"跳槽"已经不再是一个冷僻的词汇。自我的喜好、生活的压力、职场的困境等来自个人、家庭、社会的主客观因素，常常会让人产生跳槽的念头。其实，跳槽也是一把双刃剑，它所带来的结果也是有人欢喜有人忧的。

四年前，小郑本科毕业，因为她本人的实力比较强，毕业后很快就找到一个不错的单位———家外商独资的食品公司，她主要从事产品策划工作。以前读书的时候，她就是学校校报的编辑，写的一手好文章，人长得也很漂亮，在学校也算是风云人物。到了工作岗位，年轻的她就像一颗"开心果"，给部门带来了许多活力与快乐，使得同事们的工作热情都有所提高，领导也非常欣赏她，自然而然小郑也非常受重用。

在这家企业工作了大半年之后，她被另一家外企看中，出于对自己发展前景的考虑，她选择了跳槽。很快她就在这家外企上岗了，刚开始，外企正规的管理和规范的统筹让她非常满意，可是工作不到四个月，她开始觉得朝九晚五的生活很无趣，最重要的是自己设计方案总是得不到认可，常常改了又改最后上司还是不满意，可是最终定下来的方案小郑觉得"并不咋地"。这对自己的自信心是个很大的打击。于是她提交了辞职信。

就这样，小郑频繁跳槽，五年下来，她已经换了九份工作！前不久因为和领导在一些事情上有了点小矛盾，现在她又想着跳槽了。她很矛盾，为什么一些能力不如自己的人现在有一份非常好的工作，自己辛苦奋斗了这么多年却一事无成？自己也曾经做了一个单位的领导层，自己的这九份工作，每份工作也相当不错，为什么自己就待不长呢？为此，小郑非常烦恼。

点评与建议

像小郑这样的情况在一些刚毕业的应届生里会出现比较多。可对于像郑小姐这位有着五六年工龄的人来说，频繁跳槽不利于她本人的工作经验的积累，企业也不太喜欢这么频繁跳槽的人，即使进去了，你也很难进入企业的核心部门，可想而知：一个是刚进来的新员工，一个是频繁跳槽的新员工，尽管你在技术能力上都略胜别人一筹，可是人家企业放心用你吗？频繁的跳槽对你的求职是不利的，它对于你的整体发展显然也是弊大于利的。目前对于郑小姐来说，明确自己的优劣势，给自己的职业生涯做一个整体的规划是当务之急！

通过对诸如小郑这样的白领人士频繁跳槽案例的总结，究其原因我们大致归纳出以下几点：

一是对其他企业期望值过高引发"跳槽冲动"。在职场上，很多人往往会存在着"这山望着那山高"的心态。或者由于自己所在企业在培训机会、晋升空间等体制的不够完善，或者由于自己在单位里的人际关系不顺畅，这时候看到别的企业在招聘，就非常容易受到这些招聘信息所吸引，心里始终抱着"下家肯定比这家强"的念头，也顾不上考虑自身的实际情况草率跳槽。在这种情况下，跳槽者往往会陷入"才出虎穴又入狼口"的悲惨境地，一家不如一家的现实让自己后悔莫及，感慨"一失足成千古恨"！

二是薪酬差距引发"跳槽"冲动。这里所提及的薪酬差距主要包括内外部的两大因素。内部因素主要是指在企业里你与本部门或者其他部门的同事之间的薪酬差距。当看到其他同事做着和自己差不多性质的工作，却拿着比自己多百分之好几十的薪水的时候，心里当然觉得很不平衡，加薪的请求提了又提，可是迟迟未果。这时候，想要跳槽的念头就产生了。外部因素主要是指自己与同行业里的其他人或身边的同学朋友之间的薪酬比较。看到以前和自己一起毕业的同学朋友现在在别的公司工作的顺顺畅畅，晚上没事儿泡泡吧，周末有空骑骑马有滋有味有钱的生活的时候，就产生了心理上的差距。水平差不多，职业差不多，可为什么薪水和生活状态就相差那么多呢？生活的压力和面子的顾虑也让王小姐选择了跳槽。

三是主观原因引发"跳槽冲动"。这里的主观原因主要是涉及个人心态与职业适合度的匹配问题。姚小姐就是这样的例子。在新的公司待了不久，就发现周围的同事与自己的性格格格不入，本来开朗的她也变得不言不语起来，每天千篇一律的工作也让她开始厌倦。望着每个月辛辛苦苦才赚来的那么一点薪水，觉得自己在这里待着是在"慢性自杀"。一次偶然的机会，当身边的朋友推荐了一份工作的时候，姚小姐就义无反顾地辞职了。到了另一个新公司，发现在这里自己的确恢复了先前的开朗，可是所在公司的管理体制还不及从前，公司在同行业里的竞争力也非常小。试想：公司没发展，自己在这里还会有发展吗？

"忙了一年，却实在想不起自己做过什么拿得出手的工作"，相信很多人跳槽后都会有这样的感触。就像上面说的姚小姐，她的"跳槽"的冲动主要来自于自我施压，因为看不到公司及个人的发展前景，觉得哪怕"跳槽"之后不见得会更好也要跳，如果不跳自己可能会后悔一辈子。于是，就开始不间断地跳槽。结果往往是"竹篮打水一场空"！

跳槽的确是一种改变现状的途径。可是，在跳槽之前你得保持冷静的心态和清醒的头脑，切不可盲目盲从！要知道，并不是人人都适合"跳槽"，并不是每一个"槽"都适合你往里"钻"。盲目"跳槽"只会带来更大的风险。想换工作的你还是要仔细考虑自己的职业气质、兴趣、能力结构等因素，只有找准方向才能最大限度地开发和发掘潜力。主动、全方位地了解目标行业的现状和前景，最后剖析自我，认清自己的优劣，才能成为一个有准备的跳槽者。

  一个人的职业发展不是一条平坦的路，它是一个不断实践、不断探索、不断总结、不断反思的行动过程。树立自己的职业规划意识，根据自己的实际情况来合理科学地规划，有目标有计划地走下去，这样才能摆脱在发展过程中的种种不足，走出阻碍我们前进的怪圈，迈向职业发展的坦途！

"闪离"招致节节失利

"闪离"是闪电离开的简称,不少职场新人由于种种原因,快速和用人单位解除合同,多则入职半年以上,少则一两个月。"闪离"已成为一部分大学毕业生的工作状态,他们因为刚出社会的"第一步棋"没有下好,招致节节失利。如果这种"闪离"的状态没有得到改变,将对他们的职业生涯发展带来诸多影响。

刘平的第一份工作是从2008年5月开始的,那是一家香港公司,他的岗位是销售,把感冒灵之类的药销往药店。在去药店之前,刘平先要做好跑店准备,包括拜访的路线、目的等。跑店很辛苦,如果这时能得到公司主管的一声短信问候,那真是莫大的安慰。

刚刚工作的刘平初生牛犊不怕虎,做事也勤快,这让不少店长认可了他。有一次,一个药店要迎接检查,他无私奉献了五六个小时,帮助他们抄写处方药单。畅销产品的销售,药店一般很热情,但如果不是畅销产品,被人排挤的时候就多了,这时,只能从为人处世方面让人家接受你。在这三个月里,刘平由于没经验,只能拿底薪。

2008年8月,刘平跳槽去了深圳的一家公司,这家公司代理了广州一个药品,由于药品有一定的知名度,药店对他也另眼相看。刘平分配在广州跑销售,天河区大街小巷的药店,他都跑了个遍,甚至去了偏远的地方。在这个公司将近一年的时间里,刘平终于摸透了药品销售的各个领域,他认为做销售前期要舍得投入,就要投其所好,细心揣摩客户。

有一个药店的店长,她弟弟要参加成人高考,由于她很忙,刘平就帮她上网整理了成人高考的试题和资料,并打印出来送给她弟弟。店长很感动,说刘平是做业务中最细心的。还有一个采购经理打来电话,是个女孩子,聊天中得知她正在充电,于是刘平提醒她充电时打电话是很危险的,女孩子说谢谢,并表示自己工作忙忽略了这些细节。

最疯狂的一次是刘平给一个VIP客户发了99条生日祝福短信。那是一家连锁店的采购经理,为了让她有一个意外惊喜,刘平动员了98个同学和朋友,每人发一条短信祝福她。

刘平的第三份工作是东莞一家高科技药厂,之所以跳槽是因为深圳的公司是家族企业,提升空间有限,没有经理的平台,业务骨干待不长。

现在刘平刚过试用期,对于这里的工作,他的形容是痛并快乐着。痛是前任销售做了三年,有很好的客源,业绩每月可以达到9万元以上。而他刚去的前两个月,只能做到六七万元,以至于主管毫不客气地说:"你自己看着办。"在接下来的一个月,刘平开始忍辱负重,投入的比以前多,最终达到9万多元的业绩,赶上前任的业绩水平。

点评与建议

据了解,出现"闪离族"的原因众多,既有求职者的因素,诸如求职者意志薄弱,遇到困难就"闪",或者缺少职业规划意识,脚踏西瓜皮,滑到哪里算哪里,也有单位的因素,诸如原来保证的薪水福利无法兑现,原来描绘的企业形象阳春白雪,入职后发现企业的真面目一点都不可爱等。

"闪离"总是不好的。短时间内过多的跳槽经历,其实在HR眼里是做减法,大多数HR不会认为你工作经验丰富,反而会怀疑你的工作能力,质疑你的工作态度。如何让自己摆脱"闪离"的状态呢?

有关人士建议，应该好好静下来考虑一下，问问什么职业真正适合自己，然后沉下心来，在一个工作平台上沉淀几年，这样，你的职场经历才会让你"升值"。

对于新入职的大学生来说，在刚踏入社会时，要正确地认识自我，理智地分析自己的优势和劣势，才能扬长避短，发挥优势。在认知的过程中，既可以借助测评工具，也可以向师长讨教。本着开放的心态来看待评估结果，才能帮助你更清晰地规划自己的职业发展路线。在入职后，要学会在工作中培养兴趣爱好。也许你个人的兴趣爱好与从事的工作无关，这时候就要沉下心来，当自己是一张白纸，虚心认真地去学习，才能勾画出美丽的图案。同时，秉持开放的心态，积极学习人际沟通技巧，谦虚、诚恳地向周围的同事学习。这样才能更快地融入公司，找到工作的乐趣。除了处理好与同事的关系，也要善于向上司讨教，在合适的时机与其探讨工作和生活中的困惑，寻求建议和帮助。这些方式都能让新入职者远离"闪离"的圈子。

最后，善意地提醒大家，作为一个刚刚大学毕业的新人，在一个工作岗位不做上一两年，只能学到皮毛，无法真正理解相关的岗位知识。在这种情况下，过于频繁的跳槽，不但浪费了时间，也会让自己在人力资源市场上失去价值。

第六章 频繁跳槽，意气用事也疯狂

频跳后两手空空在家"啃老"

"一直无业,二老啃光,三餐饱食,四肢无力,五官端正,六亲不认,七分任性,八方逍遥,九(久)坐不动,十分无用"!这是一条民间流传形容"啃老族"的段子。作为一种社会现象,被人们比喻为"啃老族"的年轻一代在职场上呈日益增加的趋势,其原因在于这些人在工作上一直跳来跳去,"漂"无定所,收入低或根本没有收入。

有关调查显示,在"啃老"人群当中,就业过于挑剔的高校毕业生为数不少。有的家庭条件优越,家里吃穿无忧,以找不到满意工作为借口,待在家里"享受生活"。有的文化程度低,技能差,却不愿从事低端工作,不愿干苦、脏、累工作而躺在家中"啃"父母;有的虽然有工作,收入尚可,但因买房买车等,向父母不断伸手要钱;更多的则是在工作中不满多多,频繁跳跃,以至于形成惯性跳槽,导致手中空空,伸手要钱。

"啃老族"不仅给家庭造成经济负担,还会因没有工作而混迹社会,容易被不良分子利用,染上不良恶习甚至参与犯罪活动,危及家庭和社会。

伊美去年毕业于某重点大学的生物科技专业,本来满怀信心的她,却因为"对自己要求太高"经历了多次跳槽,从毕业到现在,短短一年半时间,她已经换了四家企业,现在选择暂时回家"避难"。

尽管处于失业状态,但伊美并没有放弃进入大公司或事业单位的追求,对于小公司,她认为"很浪费人才"。所以从毕业至今,她一直在跳槽中寻找更好的"机会"。

最近一个月,伊美已经参加过七场招聘考试,结果都是"差一点点"。她决定继续找下去,没有合适的,宁可待在家里。她没什么物质上的负担,于是打算先"追梦",暂时不就业。在她看来,如果没有正确的开始,那后来的路将全部是错误的。

其实,伊美的父母很为女儿的工作着急,只是不想增加她的心理负担。伊美的母亲之前也帮女儿找过工作,但女儿对自己要求很高,非要进大公司干大事业,而且家里就一个孩子,所以不会强迫女儿做不喜欢的工作。

点评与建议

在选择就业机会时,多数年轻人眼高手低,这是导致他们频繁乃至成为习惯性跳槽的主要原因。习惯性跳槽,不仅对自己的经验、技能、机会成本等产生很大浪费,而且会打击人的自信心。这是一个老生常谈的问题,但既然能够"常谈",就说明问题依然存在,并且值得引起全社会的关注。

年轻人要树立从基层做起、从小事做起的意识,不要好高骛远,从实践中提高技能,脚踏实地,结合社会的情况与自身情况择业就业。

只为个人利益，不惜冲动跳槽

郭冬临和牛莉在2005年的春晚演过这样一个小品：牛莉扮演的妻子跟邻居吵架后，就让丈夫去帮忙，在一番争执后，丈夫就来了句："冲动是魔鬼。"于是，"冲动是魔鬼"就开始流传开来。在职场也应如此，跳槽之前要冷静地思考三分钟。特别是刚毕业的年轻人，会常常认为自己"怀才不遇"，容易意气用事，一冲动就跳槽，结果由于没有积累到什么经验，在任何公司都不容易获得提升的机会。有时候还会打乱自己的职业规划，不断地面临在新公司出现的问题，哪还有更多的精力朝着自己的目标快速前进呢？

还有些人没有弄清楚自己适合做什么工作，错误地估计了就业现状和就业形势，认为下一份工作会更好，会更能展示自己的才能，就会一走了之。事实上，并非如此，在跳槽之前，最好要冷静思考三分钟，否则，只会害人害己。刘雷就是一个典型的例子。

刘雷大学毕业后，留校做辅导员，一年后，他觉得做老师太辛苦，工资又低。眼看着自己的同学能挣很多的钱，见识更多的世面，他就下定决心不在学校干了。不久，他到了一家外企做文秘，刚开始的时候，他特别有热情，干得很好，经常受到领导的表扬，但是没多长时间，他就发现做秘书要处理太多的事情，挣钱不多不说，还没有什么前途。

他看到自己的大学同学做销售发了大财，就觉得做销售不错，便立马辞去了文秘这份工作。但是，没干多长时间，他觉得老吃闭门羹，没有希望，就又想着跳槽了。这次，他应聘的是外企销售总监的助理，但是，他也只干了一年。后来，他觉得在公司里做高层挺好的，就去应聘一个小公司的副总经理，但是过了官瘾之后，他发现要想搞好自己的工作还真要有点本事，自己的工作一点起色都没有，就失去了信心，又想着找别的工作。

等他在表中填写了自己的求职经历后，招聘单位看了他"丰富的经历"后，就放弃了他。

点评与建议

一有不满，就冲动地跳槽，这个不满意，那个也不合适，在不同岗位间跳来跳去，薪水和升迁都会成为问题，更糟糕的是很容易成为职场上打杂的。况且，跳槽也不是解决问题的办法，有问题应选择主动地沟通、协商，把自己的想法告诉领导和同事，这样才能防止因沟通不好而造成误会。这样才能让自己尽快冷静下来，以解决所遇到的问题，而不是冲动地跳槽。

即使形势所迫，不得不跳槽，你也要冷静下来，思考三分钟：自己的职业规划是什么，新工作可能会遇见什么样的问题，新工作能否给自己更好的机遇，新工作能否提高自己的个人能力和价值……如果这些都不如现在公司提供的好，一走了之就得不偿失了。正确的态度是：立足现实，用心考虑一下自己的兴趣、职业气质、能力结构等因素，认清自己的优劣势，才能最大限度地发掘自己的潜力。

俗话说："板凳要坐十年冷。"只有在自己的岗位上，几十年如一日地刻苦钻研、埋头工作，才能不断地进步。如果总是这山望着那山高，为了自己的利益冲动地跳槽，就会影响自己的声誉，再找下一份工作就会很难了。

频繁跳槽始终难对陌生环境

在"就业难"的压力下，许多大学毕业生出现了某种"盲从"，但是，现实是，这种频繁跳槽不仅不被用人单位认可，同时也不利于大学生成才。作为大学生，在踏上工作岗位的时候，应该对自己的职业有个规划。

在一场大型招聘会，毕业一年半的小张再次来找工作，看看有没有合适的岗位，而这已经是她毕业后第六次找工作。

20岁出头的小张学的是室内设计，一年半内，共在四家装饰公司待过，但时间都很短暂，"曾经三天两夜没合眼，赶出一份设计图出来，最后生意没谈成，我一分钱也没拿到，干脆就辞职了"。小张说，之后又到一家装饰公司干几天，发现不行又赶快"闪人"，就这样，小张又接连"蹬掉"了三家装饰公司。前不久，小张应聘到一家花店工作，干了不到一星期，因为工作时间长，在男友的强烈反对下也辞职了。

24岁的小袁学的是平面设计，2009年毕业后至今，也先后换了三份工作，有的是工作环境不好，有的是没有职业前景，有的则是工资太低。对于一个刚毕业的大学生来说，开心工作和工作挣钱相比较，当然是挣钱更重要，但现在很多工作是既不开心也不能挣钱，所以他才会选择辞职。

点评与建议

现实中，和小张、小袁一样，有过"闪辞"经历的大学生并不在少数。刚刚走出大学校门的大学生在职业选择上是第一次做主，由一个从非理性选择到理性选择过渡的阶段，在这个阶段很容易因为薪水、工作环境等因素出现闪辞。在目前的工作环境下，要永久保持一份工作，也不太现实，适当地"跳槽"也可以增加一些工作经历。但是，频繁地跳槽则需警惕。

你到一个单位报到后，从接受任务到熟悉业务，要有一个过程。跳来跳去，始终处在陌生的工作环境之中。这样的后果，不仅是让用人单位在招聘时感觉你没有忠诚度，进而直接影响你的再次就业，同时，更重要的是在经历了多次跳槽后，会不自觉地养成习惯：当工作不顺时想跳槽，人际关系紧张时想跳槽，想多挣几个钱时想跳槽，甚至没有任何理由也想跳槽，似乎一切问题都可以用跳槽来解决，永远缺乏克服困难的勇气和决心。

第六章 频繁跳槽，意气用事也疯狂

态度眼高手低，职场频繁跳槽

"90后"职场新人眼高手低、频繁跳槽的现象较为普遍。作为职场中的新生力量，大部分"90后"感叹自我价值难以实现，其实这都是"职场态度惹的祸"。拥有正确的职场态度，自我价值自然能得到实现，每一份工作都可以很优雅。当你能够从容、自信、专业地面对自己的职业时，那么你就是在从事一份优雅的职业。

毕业一年多的小刘看到周围很多同学拿到世界500强的录取（用）通知书，薪水都是五位数，看着别人晒工资晒待遇，不禁感叹"怎么自己就没有这么好的机遇"，越比较心里越不平衡，不甘心在小公司工作，不甘心拿这么点的薪水。

正是在这种心理的支配下，一年以来，小刘已经换了好几家公司，但还是没有找到自己理想的工作。

无独有偶，"90后"小吴是一所名牌大学的本科毕业生，在学校是有名的"才子"，可他到了新单位后，发现自己不再"吃香"。工作一个月以来，每天就是接电话、跑跑腿、收发传真。小吴认为，部门里很多同事都是本科生，论学历、才华根本比不过自己，每天做些琐碎的工作与自己的学历和专业并不相符。他十分想参与一些具体的项目策划工作，但领导并不愿放手让他来做，因此小吴很烦恼。

点评与建议

上述两例归根结底就是职场态度出了问题。刚刚毕业的大学生不管是个人进修还是在职场锻炼，都是给自己提高"竞争力"的必需过程。越是基层的工作，越是能锻炼一个人的耐力和综合素质，也是企业观察和发现员工潜力的好机会。如果连小事都做不好，怎么可能有更大的责任让你去承担？在基层积累的能力将会是今后华丽转身的必需条件。机会都是给有准备的人，而功课是要做在前面的。

"90后"职场新人最需要的是一种平和的心态。步入职场后，首先需要调整自己，重新起步。只要给他们一个舞台，他们就能实现自我价值。因此，建议"90后"职场新人，充分发挥自身好学、聪慧、适应能力强的优势，正确地进行自我认知。"千里之行始于足下"，不管今天自己是处于一个怎样的基层岗位，都好好珍惜它，只有积累了经验，才能让自己拥有更大的平台。

第六章 频繁跳槽，意气用事也疯狂

冲动跳槽，失去职场平衡点

好不容易选择接受某个职位，准备在新的位置将梦想变成现实，但是，我们立刻又面对这样一个无法逃避的现实：在很多情况下，工作与自己的感觉发生错位了。实际工作与自己的预期存在极大的落差。大多数人的工作逐渐失去了原来的面目，使他们不知道继续干下去的意义何在，似乎工作只是为了生计，能满足自己的乐趣或者其他，全都是很奢侈的追求了。于是更换工作的大有人在，说出来也很简单，就是想寻找到更符合自己设想的差事而已。但是实际操作起来，却不是那么容易的事情，更换工作成为家常便饭，频频跳槽司空见惯。要是一个人将一份工作干一辈子，那真要成为人间奇闻了。

这样不知休止的动荡不安，大有生命不息奋斗不止的跳槽行为，让我们想到了吴诚的故事。

2005年，吴诚从毕业后直接被分到一家规划设计院。设计院在当地的影响力不错，效益也挺好的。他在这里一干就是五年，并且顺利地评上了中级职称。在工作的几年中，他还主持了不少重点工程项目，短短的几年就成为当地小有成就的"设计专家"。那个时候，设计院中的顶尖高手几乎都是清一色的老前辈。可以说，只要吴诚再耐住性子等上几年，弄个副院长或总工肯定是没有问题的。可惜的是，吴诚天性心眼直，看不惯那些纯粹论资排辈的不平等现象，于是"人挪活，树挪死"的念头就出现了，因此义无反顾地选择了跳槽。

离开设计院没几天，吴诚就来到一家广告公司做设计工作。吴诚可能天生就是干设计的料，加上公司的领导很喜欢他的设计风格，很快他就与公司上上下下打成了一片。上司也经常鼓励他,说只要他继续这样努力下去,升职涨薪是很快就能实现的,并且经理许诺让他三年之内当上单位的设计主管。

一年后,该公司的经理竟然先他一步悄悄地跳槽了。刚来的上司比吴诚还年轻几岁,这位经理不欣赏他的设计风格,经常要他修改多遍才能满意。在忍无可忍的情况下,吴诚毅然决定辞职走人。

不久以后,吴诚来到一家IT公司从事网站策划。起初,这家用人单位的效益还是很不错的,不久,随着各大网站的兼并、收购,加上网络泡沫经济的破灭,该公司的业务量呈直线下降。吴诚这次学乖了,他没有像第一次跳槽那样立即辞职离去,而是选择了与单位"同舟共济,共渡难关"。

没有多长时间,吴诚就被上司提拔为部门主管,可单位在未来的日子里仍然没有摆脱困境,不久就关门散伙了。跳槽成了泡影,这还是小事,更为要命的是他必须重新去寻找适合自己的职业。

经过一段时间的艰难应聘,吴诚来到了南方一家名气很大的中外合资企业,可谁曾想到,这家单位竟然利用招聘的方式来为自己做宣传,并不是真正需要人才。新应聘进来的职员,白白地工作了一个月后,竟被以各种借口全部辞退。

后来,吴诚又连续跳了几家公司去做销售业务,销售业务本来不是吴诚的本行,再加上销售行业竞争激烈,而且不少用人单位本来就是临时成立的,这样吴诚从第一次跳槽后,一直没有找到适合自己的用人单位。

一次,吴诚有事回到老家,顺便拜访了当初工作的单位——规划设计院,发现这里发生了很大的变化,以前和他在一起工作的老前辈们全部回家了,现在的领导以及技术骨干几乎都是正规大学出来的高材生。和吴诚差不多大的同事,现在也都能享受到至少副总工的待遇了。所有的办公室不但宽敞明亮,而且每台办公桌上都配有一台计算

第六章 频繁跳槽,意气用事也疯狂

机,能够24小时在线上网。

　　看到这里,吴诚突然感受到了论资排辈的优越之处,无意中望了一下窗外,发现大道两边原有的稚嫩树木,已经变得高大挺拔了。想到自己已经在外漂泊了将近十年,还没有任何成就,不禁为当初的冲动跳槽后悔不已:看来,自己的职场生涯真的失去应有的平衡点……

点评与建议

　　从上面的事例不难看出,跳槽频繁的人,缺乏对职业的追求,从而无法获得事业的成就感;而且跳槽频繁、随意,也会对自己的个人形象产生影响,多数用人单位会认为经常跳槽的人,做事不负责任、马虎了事,难负大任。

　　此外,跳槽随意的人,往往会产生一种冲动性思维,在工作中遇到一丁点儿困难就想辞职。与人关系稍微有点儿紧张就想着离开单位;一看到别人的工作比自己好,就想跳槽去寻找理想的目标;更有甚者,会时不时地要去跳槽,总感到不换一个工作,心里不舒服似的。在这些人眼里,频繁跳槽能够解决一切头疼的问题,其实,他们只是在逃避现实。久而久之,这些人将会一事无成。

　　其实,任何一份工作都有它的优缺点:薪水不高,但同事关系很融洽;公司规模不大,但工作气氛相对和谐;公司发展很大,但压力过大,使你疲惫不堪。所以,我们要睁大眼睛权衡利弊,不能因为某一方面不满足而频频跳槽,那样永远也找不到平衡点。

　　我们跳槽是因为现实太糟,迫不得已,但更真实的情况是我们无法承受压力,在逃避现实。所以不妨停下跳槽的脚步,好好审视一下自己。

热衷打短工，白领丽人频跳槽

工作的压力太重，压得你喘不过气；工作的环境太差，得不到好的待遇；特长难以发挥，实现不了自身价值……这一切都预示着：你不再需要这份工作。白领丽人爱跳槽，这是权威部门抽样调查的结果。

"跳槽巾帼"者大多条件优越，年龄在30岁之内，外貌气质俱佳，学历在大专以上，大多为未婚，以从事文秘、行政助理、办公室管理、营销等职业居多。她们不怕下岗，不断地跳槽，寻找新的挑战与机遇。她们谋职的理念既实在又实惠——能干则干，不干则走。

艳艳毕业于一所著名的大学，学的是中文专业，在校时就有才女之称。四年前毕业分配到图书馆工作，干了三个月，年轻活泼的她感到浑身不对劲，上班一杯茶，一张报纸，帮领导打印材料，或接电话。经过再三考虑，她不顾家人、亲友的反对，毅然辞职，应聘到一家房地产开发公司当秘书。

开始时艳艳干得还比较顺心，但后来在一次单独和经理出差途中，这位有妇之夫开门见山地许以重金，要求艳艳做他的"金丝鸟"，艳艳一口回绝了。隔日，她就递上一封辞职报告，炒了老板的"鱿鱼"。

接着艳艳又到另一家房地产公司打工，说是做办公室工作，但老板一会儿要她帮交手机费，一会儿又要她帮接送小孩到幼儿园……艳艳感觉自己简直成了勤务员。一气之下，她又跳槽了。

就这样，在不到两年的时间里，艳艳换了八九个工作单位。对

> 第六章 频繁跳槽，意气用事也疯狂

于频繁跳槽，艳艳认为，选择一项新工作与离开一个企业都是有原因的，也可以说是一种双向选择的结果。如果自己感觉公司的发展前景不好、工资待遇或能力得不到发挥，自然就会离开。

点评与建议

对于刚刚步入社会、没有多少工作经验的年轻女孩来说，要寻觅一份理想的工作并非易事。于是，先就业后择业的观念在年轻女性中更为突出，她们求职择业，不再像过去一样追求一步到位，而是寄希望于积累工作经验以后，等自我价值得到较大的提升后，再找一份理想的工作。

通常，女人的就业观是稳定压倒一切，求稳是她们求职择业的首选。然而，随着独立意识的增强，如今越来越多的女性开始追求实现自我价值的最大空间，表现在职业上便是频繁跳槽，热衷打短工。

东征西战，激情跳槽练"跳"功

如今的大学生，毕业一两年，有人已经有跳槽三四回的"光荣历史"了。这些血气方刚的年轻人就是这样弹跳性能极好，似乎有了超级的才力，所以才上蹿下跳。

当然，如果问及他们涉世不深的社会经历，怎么就敢如此贸然地频繁跳槽？万一有个跳空失足的意外，结果会如何？难道为了理想的高薪、几分高昂的尊严、几分自傲的心理作怪、就要在凳子还没有坐热的时候，开始东征西战地打游击战？

林小姐24岁，工商管理本科。在毕业一年半的时间里，她跳槽四次，经历过的职业有普通文员、销售、市场拓展、经营主任，月收入变迁情况是1200元、2000元、2400元、4000元。

其实按现在北京的行情，你跳我跳大家跳，跳得最疯的可能就是像林小姐这样毕业没两年的人了。其实也不能怪林小姐，别人都说找工作就像嫁人，谁都希望趁着年轻、脑子灵活的时候寻个好人家。

林小姐刚毕业的时候没经验，只想找个工作单位进去了再说，正所谓"骑骡子找马"，留京才是重要的。于是瞎闯进了一家房地产公司做文员，其实文员这活根本不适合她干，每天就是理理文件什么的，一个高中毕业的人都可以做，而且工资很低，其中的大半薪水都缴了房租，勉强生活。

干了没有两个月，试用期还没有过，瞅着机会，林小姐就跳到了一家看上去还不错的食品企业做销售，她知道做销售很不容易，挺锻炼人，关键是这公司挺有名的，于是她就去了。可是干下来发现很辛苦，最麻烦的是因为是小笔的销售，还轮不到她跟别人签合同，都是磨嘴皮子的事情，次数多了就觉得特别窝火，而且薪金跟公司的名气不成比例。

大概只等了一个月，正巧有天去人才市场看见有家外贸公司招市场拓展，虽然性质跟销售有些类似，但底薪比较高，有保障，而且都是批量型交易，容易有成就感。两个月的试用期结束之后，双方感觉都比较好，林小姐就签了合同，有一年、三年和五年的。她签了最短的，并不是说她早就做好了跳槽的准备，而是她觉得三年和五年真的比较长，而且她那时还有考研的打算，怕万一考上了要走还要赔上一大笔违约金，很不值。

在这家公司干的时候比较长，大概有五个月，林小姐感觉还挺好的，薪水虽然不算高，但相对于她的工作量来说也可以了，要不是现在公司的条件太诱人，她恐怕也不会跳到这里来了。

现在林小姐的公司是外企，薪水不错，每月4000元，福利很好，能享受年休假，还有出国学习的机会。虽然工作比较繁重，但她觉得年轻人应该忙一些，如果没有什么意外，林小姐觉得会在这里好好工作下去，至少现在暂时还没有动过跳槽的念头，就连考研的心思都搁下了。

想当初每次跳槽之后，林小姐都告诉父母，可父母似乎比她还要担心，一是担心跳野了心，二是担心越跳越不好，现在父母倒也安了心了，不过老劝她还是少跳为妙，安定为主。

其实林小姐觉得，跳槽就是自己的简历，也是自己的成长史，趁着年轻，多练习跳跳，不过她也知道要小心，别跳到了沼泽里。

点评与建议

此MM的跳槽魄力可是非同一般，一年里居然挪了四个窝，看她每回决定走人的时候，都那么当机立断，绝不含糊的样子，想来也是掂量过自己实力的。至少她勇敢无畏的精神状态是少见的，顾虑不多，也就有了勇往直前，不怕牺牲的英雄精神，否则思前想后，多半只能原地踏步了。

或许初生牛犊不怕虎，他们的脚力是强劲的，只是心理还处于不成熟的发育期，所以现身说法的时候，虽然有不少英雄气概，但显然底气不足。职场上打拼了N年的老将会在旁观言论里给这些新新人类一些跳槽说法！职场顾问专家的剖析一针见血，激情的青春，可以有美丽的未来，但调整良好的心态是跳槽成功的一粒保心丸。

第六章 频繁跳槽，意气用事也疯狂

职场专家给频繁跳槽者的忠告

年轻人频繁跳槽的原因多种多样,有对薪资福利不满的,有寻求个人职业发展机会的,有对行业和公司发展前景不满的,而如今一些年轻人跳槽的理由更是五花八门。有认为企业对"新人"不信任的,有与单位的老员工难以相处的,有不满意企业工作环境的。频繁跳槽的人会变得很浮躁,他们在心里会对工作过的单位进行各种各样的比较。有时就连一些很细节的东西也会成为比较的对象。比如这家企业的电脑还不如过去那家的好,这家企业的老板不如原来那家有风度,这家企业外出的机会太少,等等。这些都可能成为他们再换一次工作的动机。

很多年轻人在频繁跳槽中度过自己职场的前三年,但这样的结果,不是越跳越好,而是越跳越糟。当你想通过跳槽来实现职业生涯的更好发展时,实际上你已经离用人单位眼中的录用标准越来越远。事实上,频繁跳槽会提前结束你的职业生涯,工作三年以后才是离职的最佳时机。因为如果工作期限不到三年就离职,离职者将会面对企业投来的异样目光,在新单位很难施展才华。但为什么是三年,而不是五年呢?这是因为大家已经形成了这样的共识,就是"工作三年左右就能看出业务熟练度了",或者"工作不到三年就换工作,肯定能力有问题"。如果谈到离职的最佳时机,就需要更加正确地认识问题。

比如企业选拔高管时,最重视的是候选人是否具备胜任相关职务的能力。选拔的标准并不是单纯地看应聘者是否担任过相关职务,而是看他对业务流程和管理体系的经验,对职务的全面了解。企业希望选拔的人能够根据经验整理出一套更完善的体系,引进更先进的业务流程。但要符合上述条件经常需要一定的时间积累。像超市里的收银员,他们的工作单一,进行几个月的磨合就足够了。相反,医院咨询师或高尔夫球场设计师这种本身存在很多变数的职业,通常需要5~10年的时间才行。因此,我们应根据每个职位的不同属性来确定离职时机是否成熟。当具备了很强的业务执行能力后再自信地选择离职,这样可选择的范围才会更大。

只是请记住"最少三年"这个通用标准!一个刚进公司的新员工,刚工作一两年就换工作,新公司是不会把他当做是有经验的员工的。因为他还处于学习阶段,只不过是一个需要继续培训的员工而已,还不能完全放心地把工作交给他。

在一个岗位上,要熟练掌握业务通常需要两年的时间,三年以上才会对公司的业务体系和流程有一个较为全面的了解。相反,过了五年甚至十年,对换工作完全不关心也是不可取的。也就是说,一味追求稳定性,而错过了换工作的好时机也是不可取的。

要想成为一个成功的管理者,就要以价值投资为基础,同时增加技术投资,注重专业性的积累和自身价值与品牌的培养,并果断地抓住时机。

第一,做好职业规划。

在职场中,你不是一块金子,到哪里都会闪光;你更像一粒种子,只有找到适合的土壤,才能茁壮成长。一份工作,要做到称职,可能努力、用心就够了;但要做到卓越,需要狂热的爱好、执著的追求、甚至是天赋。所以该想想,自己更喜欢、更擅长做的。性格没有好坏之分,对于工作岗位,只有适合与不适合。

第二,培养专业精神。

当自己觉得没挑战时,反省是否做到了追求卓越、精益求精。

第三，应聘时灵活处理。

既然频繁跳槽是劣势，那应聘时要不要坦言呢？总的原则是：可以隐瞒，但不可以欺骗。同时，面对不同的面试官，如招聘专员、部门主管、总经理时，表现该有所不同。

通常企业里人力资源部的招聘专员负责初选。跳槽频繁的人在他看来是很头痛的，因为这样的人在短时间内跳槽的概率比其他人要高得多，就意味着他不得不再去重新招聘，从而增加他的工作量。他很可能宁愿向部门主管推荐能力相对平庸，但稳定性好的人，也不愿冒风险。所以为了顺利通过初试，不妨隐瞒部分工作经历。

复试通常由部门主管主持，决定是否聘用。他更关心应聘者能力和性格特点，如果你频繁跳槽的原因是要找一个需要不断创新、很有挑战性的工作，那该让他明白这一点。这样他才能判断你是否适合从事该工作。而且，企业通常会对即将录用的员工做背景调查，所以不如坦诚相告。

若通过部门主管复试，基本上进入该企业已成定局。总经理的面试通常是把新人聚在一起开会，认识一下，这时切忌节外生枝，自我介绍时要尽量简练、概括。

第七章
习惯跳槽，忙进忙出也疯狂

　　跳槽大军中，有相当部分人雄心勃勃，愿意为梦想放弃现有的安定。他们想着通过跳槽充实自己的经历，感觉跳槽多，涉及岗位多、行业多就是实力的表现，于是忙进忙出，成为来回转圈的"闪电猴"（即隐喻经常这里闪一闪，那里闪一闪，神龙见首不见尾，总是很难在一个固定的地方长时间看到）。急于求成者往往"欲速则不达"。跳槽一旦成为一种习惯，只是为跳槽而跳槽，对于个人职业生涯的发展将极为不利！

认知偏差，多次跳槽成习惯

跳槽是为谋求好的职位，寻找更加适合自己的东家和岗位，没有什么不对。但是谨防跳槽形成一种习惯。如今，心理承受力差、不懂人际交往、礼仪文化缺失等问题已成为不少毕业不久的职场新人职业发展的致命障碍。

思瑞毕业后，至今已连续跳了不下三家单位，而在每家工作的时间均不超过三个月。回想第一次跳槽，她说当同学给自己介绍工作时，正好对眼前的工作不大满意，看新东家薪水开得高点就跳了槽，但对新单位几乎没什么了解，结果工作一段时间，单位对她不大满意，她又被迫跳槽。此后，思瑞就开始一家接着一家地跳槽。每次遇到一些不大顺心的事情，她就想脱离当下的环境。

最近，思瑞又要跳槽了，她感到自己不受领导重视，而且和身边的同事相处得也不太愉快。这和她在上一家公司的境况如出一辙。

点评与建议

对于像思瑞这样初入职场的大学生来说，很容易在工作的初期萌发跳槽的念头。而且，十分容易变成恶性循环，多次发生类似的跳槽动机。轻而易举地跳槽，看似逃避眼前的障碍，很多时候并不能从根本上解决问题。今天逃避了，明天依然会出现同样的问题。何况跳槽要面对全新的环境和其他的风险，一切要从头再来，去熟悉新的环境，这会浪费自己大量的时间和精力。跳了多次后，也许不少人会发现，自己还是在行业的底层徘徊。所以，跳槽还是要谨慎。

第一份工作的选择很可能长期影响一个人将来的职业发展,所以正确选择第一份工作非常重要。缺少选择的就业,很容易产生迷茫、价值感低下、缺乏竞争力、频繁跳槽等糟糕的情况。与其盲目地就业,不如先静下心让自己的职业定位更加清晰,这样按照自己的职业规划指导自己择业。

专家认为,习惯性跳槽者可以从这几方面试试改变:

一是明确三大因素。所谓三大因素,即职业定位、职业竞争力和职业态度。职业定位即明确求职方向,避免盲目求职;职业竞争力即增加自己的职场能力,培养一技之长,把完成的愿望计划小步推进,然后追求小小的成功;职业态度即在工作的过程中要脚踏实地、认真负责,职业态度也会决定工作机会。

二是养成好习惯。习惯如绳索,每天织一根绳索,它就会粗大得无法折断,养成好职场习惯,逐步戒掉习惯跳槽者自己都不认可的那些小毛病,比如想得多、做得少、懒惰、人际关系不和谐等。坏习惯很容易养成,但不能奉养。习惯跳槽者的一些职场坏习惯,不能在心中既讨厌它又奉养它,这是自我较劲的不良心理,既然自己心里很清楚,就要有坚强的意志力对待它、克服它。

三是坚信自己。从贫穷通往富裕的道路是畅通的,重要的是你要坚信,我就是我最大的资本。有工作其实已经不错了,想想看有多少人想在职场打拼都是不可能的事,所以职场人要坚信自己,已经向成功迈出了第一步,走好职场每一步都很关键。

四是不断学习。视学习、工作为一种乐趣,人生就是天堂;视学习、工作为一种负担,人生就是地狱。既然已经身在职场,就要不断地学习、提高技能,要努力完成学习和工作的基本任务并加以提高。拿自己的短处与他人的优势比较,会造成自己心理失落,职场是不喜欢这样的员工的。与其说是自己现实的财富少,倒不如说是自己的心灵财富少。只有职场人心理变得强大了,好职场自然会接近你、靠近你。

女研究生习惯性跳槽失自信

习惯性跳槽的人缺乏耐力和团队精神，其结果必然一事无成。因此，要先克服习惯性跳槽心理。

周红是研究生毕业，学的是企业管理专业。三年前，她进入一家私营企业做办公室文员。当时，她还是单位里学历最高的，又是名女生，公司领导对她很赏识，各种重要的活动都让她来组织。公司主营各种医用器械，待遇也不错。

作为一名应届毕业生，当时能得到这样的锻炼机会，周红心里真的很高兴。

在这家公司，周红工作了整整一年，各项工作考核都名列前茅。但是，她觉得这项工作并不能完全展示出自己的能力，而且公司的一些规定不允许她加入一些创新的东西。更重要的是，在这里她得不到更多的发展机会。很难升职，想涨工资也得慢慢熬时间。"我不能总在这里干下去！"周红暗自给自己定下了这样的目标，要到发展机会更好的单位工作。

周红的运气很好，从网上看到一家国有化工企业招聘，便投了简历。然后就很顺利地获得这份工作，不过公司规定要先到位于外地的一家分厂实习。周红对自己很自信，一口答应下来，她想努力表现自己，争取半年后就调回总公司。她觉得凭借自己的能力，很快就能实现这个目标。

生活就像一个大熔炉，每个人都在拼命追寻自己想要的东西。可是，周围的同事却过着一种"三天打鱼，两天晒网"的生活。这种安逸的生活，周红真的很不适应。而且，同事之间的关系都很微妙，也许一句玩笑话，都能成为受别人攻击的把柄。这样的工作环境让她很不适应。

工作了两个半月后，周红给公司打了一个辞职报告，当天就返回了济南。

看到周红又辞职回家，周红的父母有些不理解了。爸爸曾和她谈过好几次，无非就是说现在就业难，女孩应该找一个不错的工作，安安稳稳地生活最好。

这些道理周红都明白，但她不甘心：自己明明有能力做得更好，就是得不到施展的机会。别人都说就业难，自己还不是顺利地找到工作了吗？

在接下来的两年中，周红先后换了三份工作，现在在一家科技公司做企划。单位新进了几个大学生，周红感觉他们非常有活力，思想也很活跃，就像自己当年一样。看到这些新人，周红心里突然冒出这样一个想法：难道我真的老了吗？

上个月，单位进行半年工作考核评估，周红的考核分几乎是最低的。她头一回担心会丢掉工作，这在以前简直不可想象。静下心来想想，这几年没少换工作，但做的工作都大同小异，缺少更高职位工作经验的积累。而且，她现在已经29岁了，恐怕要面对更大的生活和就业压力。

这让周红感到害怕，一上班就不由自主地紧张。原来说话做事从不拖泥带水，现在却处处谨小慎微。后悔的情绪就像一张无边无际的网，把她笼罩了，让她不知所措。究竟还要不要跳槽，另找一份更安稳的工作？周红真不知道该怎么办了。

第七章 习惯跳槽，忙进忙出也疯狂

点评与建议

自信是一项良好的品质，但是必须建立在现实的基础上，全方位地考虑自己的优势和劣势，才能做到进退自如。周红已经开始意识到这一点了，这是很大的进步。在此基础上，要磨炼自己的意志品质，提高适应和调节能力，调动自己内在的潜力将工作做得更周到，以积累更多的经验，为进阶打好基础。否则只是在相同的职位上反复尝试，不利于职业上的可持续发展。

周红不妨先进行一段时间的心理调适，利用周末休息时间，到郊外走走，缓解一下自己的紧张情绪。也可以让自己定时进行体育锻炼，释放自己的工作压力，提高身体素质。

"跳槽狂人"的一部血泪史

都说阳春三月正是跳槽的大好时机，很多人按捺不住习惯性跳槽的不安分因子，马不停蹄地奔走于各大人才超市。可现在也有很多人遇到了跳槽困惑，他们来自不同的行业和职位，年资长短不等，但有着同一个特征：在职场中有过数次跳槽经历。

吴琼就是这样一个"跳槽狂人"。如今回想毕业五年来的职场经历，她觉得无比辛苦，"真可谓一部血泪史"。

2004年的夏天，学了四年外贸英语的吴琼终于可以离开那所毫不起眼的三流学校，开启崭新的人生。然而，正是第一次就业的仓促经历，决定了吴琼以后对待工作以及跳槽的态度。

吴琼首份工作的选择便是一个十分尴尬的开始。因为她的专业课成绩一般，在找实习单位时只能进当地一家很小的贸易公司。眼看着班上的同学都纷纷签了约，学校一再催大家离校，在万不得已的情况下，吴琼只能选择去实习单位做了外贸跟单。这家公司加上老板一共四个人，一个项目做完后通常会有半个月甚至更长一段时间无所事事，那段时间她吃了上顿没下顿。幸好男朋友经常接济她，时常帮她买吃的，同时也不忘催着她赶紧找新工作。于是，白天在公司没事上网投简历，下午就找借口溜出去面试。

三个月后，吴琼终于成功跳槽，进了一家日资公司的战略发展部做助理。

到了外资公司才知道规矩多得离谱。那个日本老板经常会因为下班没有关电脑或复印机而大发雷霆，打印要求用"灰色"和"快

第七章 习惯跳槽，忙进忙出也疯狂

速",纸得用双面,领笔得拿着空笔芯去换新的,在晴天阳光充足时不能开灯,至于周末加班更是家常小菜。那时过去的原因就是觉得员工都很有激情,团队精神不错。可是吴琼太"背时",进入公司一个月后,老板觉得员工的工作太闲,结果将整个部门的人员都裁掉了。吴琼压根儿来不及做任何准备就再度陷入失业中。

转眼到年底,招聘市场机会少,最后好不容易找了家台资展览公司当销售。

干了没多久,家人觉得吴琼干销售有些不靠谱,纷纷劝她去考公务员。半年没有摸过书本,吴琼对这次考试并不乐观。为了家人不再担心自己的工作她只得辞职开始备考。

随即,"国考"笔试失败,"地方考"止步面试,一晃五个月过去了,当初一起毕业的同学很多都已经转正,薪水也见涨,而吴琼一年内跳槽三次,中间还有近半年的职业空白期,这些都无一例外地成了吴琼后来求职的绊脚石。

很多大公司因为吴琼的频繁跳槽和职业空白期而婉拒了她。于是,在稀里糊涂中,吴琼不断地重复着求职、辞职、再求职的过程。

在接下来的四年职业生涯中,吴琼先后进入过广告、服装、培训、厨具、期货、化妆、眼镜、物流、保险、企业管理、房地产中介等跨度很大的行业,而从事过的职位也不尽相同,有外贸跟单、销售、前台、行政、培训专员、招聘专员、部门助理,大都是一些可替代性很强的职位。

五年来,吴琼一共跳槽达21次之多,有私企、国企和外企,时间短的只有六天,待得最长的一家是八个月。每次跳槽,吴琼学到的除了一些浅显的工作经历外,很少能够提炼出高价值的工作经验;朋友认识了很多,但深交的却没有几个;工作换了一沓,薪金原地踏步,有时甚至越跳越低;每次辞职后都会免不了心情郁闷。她自己越来越害怕求职,甚至想永远逃开职场,不想面对新环境。

男朋友看到吴琼现在的处境后，认为吴琼就是因为缺乏对自己的认知和职业定位，该找什么工作，自己喜欢做什么，什么才是最适合的，自己都一无所知。五年来通过盲目跳槽21次仍旧未能解决这个问题，最终才形成了今天如此之大的困扰。

点评与建议

当前大多数"跳蚤族"的通病是定位不清，目标不明！其实跳槽只是每一个人接近个人职业目标的方法之一。如果能在跳槽前做好职业定位，充分考虑自己的内在职业取向和独特的商业价值，了解新公司的企业实力、环境和文化背景，对自己即将从事的岗位进行充分调研和全面了解，做到心中有数，做好准备再去应聘，这样获得的新工作就自然会变得稳定许多。

在目前的职场跳槽者中，有六成以上属于像吴琼一样的盲目跳槽者。吴琼在没有做好职业规划的情况下就匆忙跳槽，结果必然是每次职场能量的积蓄在起跳之后的快速归零。这五年来的跳槽经历就如同一部职场血泪史，让人触目惊心。如果毕业时吴琼的求职能有个清晰的职业定位，如果考公务员失败后能做个系统的梳理和规划，那她还需要品尝今天的求职苦果吗？

总之，职场之道，先定位，再规划，科学理性谋发展；曲折求职，泪涟涟，心慌慌，切莫学做跳槽狂！

四年换五家，跳槽成习惯

俗话说，天下乌鸦一般黑，哪个公司或多或少都有一点问题。即便真是完美无缺的公司，凭你的能力又是否有可能进入呢？如果有，恭喜你，如果没有，那么就安分守己，现实一点。

新年一过，莫飞就向公司提交了辞呈。经理很吃惊，但简短的交谈后便放弃了挽留。因为正像莫飞所说，公司现有的薪资制度，不可能给他增加30%的工资。

刚过27岁生日的莫飞说，不走不行。一年下来存不到多少钱，还要买房、娶老婆、照顾家人……

这已是莫飞的第五次跳槽。

2004年8月，在某大学毕业的莫飞因不满意在衡阳的工作而辞职南下，在一家模具厂学制作冷冲模具。

大学生拿300元一个月的学徒薪水，这在小厂引起了不小的轰动。那里的学徒大都没上过高中，莫飞在他们好奇甚至带点鄙视的目光中开始了新的职业生涯。

两个月后，因无法忍受日复一日的钻孔与磨钻头的枯燥，莫飞不辞而别。

11月，莫飞通过人力市场进入了某集团下属的一家公司。先在车间做生产工，两天后因"高学位"被调到检验组。尽管现实让他学会了电机制作与检验的各种技能，却没有出人头地的机会。因检验工作被领导的亲戚替代，心灰意懒的莫飞再赴人才市场。

第三次跳槽后的公司，是莫飞到目前为止停留时间最长的一家公司。他接受各种培训并自学,转变成一个专业的测试人员。一年后,莫飞又发现自己是在不断地重复同一个动作,薪水也从未变过,跳槽之意再起。但经理承诺,只要他把当时的一个测试问题解决掉,将提升他为评价工程师。莫飞感觉到这是一次机会,想都没想都就接了下来。一个月后,他的工资提升了10%。但这家公司还是没有留住像电子一样自由跃动的莫飞。2006年5月,莫飞辞职。

在第四次跳槽所到的某空调公司,莫飞从一个普通的试验员提升为一名测试工程师,开始代表部门与国外机构、公司进行技术交流。但部门领导脾气火暴,令他身心疲倦。更糟糕的是非但没被领导认可,收入还比上个公司少。

2006年年底,另一空调公司的研发部门向他伸出了邀请之手。他毫不犹豫地接受了这次机会。

有一次,莫飞碰巧和一个从事人力资源工作的人聊天,那人说:员工对自己能力的准确定位、对收益预期的适度和忠于职守的敬业精神也必不可少。跳槽频繁既可能扰乱企业的正常生产、增加企业的效益成本,也可能在增加机会的同时影响跳槽者的收益,可见频繁跳槽对自身和企业都不利。

但对于这样的"理性提醒",莫飞不以为然。他认为,现代人身上承受的压力不少,一边是就业竞争,一边是事业与理想。所以他认为只能在行走中去寻找适合自己的位置。月薪的多少与发展空间的宽窄一样重要,在同样的薪资条件下,选择更好的发展空间,也可能为了更高的薪资而放弃目前拥有的条件。

第五次跳槽后的莫飞到新公司上班已半月有余。未来的路该怎么走,他依然不确定。

点评与建议

像莫飞这样的人可能在不知不觉中养成了一种习惯，工作中遇到困难、人际关系紧张、看见好工作就想跳槽，似乎一切问题都可以用跳来解决。

为什么觉得公司不好？因为大公司没有发展空间，因为小公司事情太多太杂，因为清闲的工作没有技术含量没有发展性，因为繁忙的工作累到吐血心理不平衡。然后呢，跳槽吧。因为跳槽可以憧憬未来，因为跳槽可以博取命运。于是，小公司的人羡慕大公司正规化，大公司的人羡慕小公司事情少；殊不知各种羡慕的背后，你的现状正是别人期盼的未来。

事实上，跳槽，真的会养成一种习惯。如果你稍有不满就选择跳槽，那么接下来还会不满，还会跳槽，从而简历和心态都越来越差。如果你能迎风而上，历经磨炼而不退缩，一年、两年、五年、十年，在一家公司工作，你便不会觉得这些困难算什么了。最难熬的就是进一家公司的前两三年。所以，工作并不好找，奉劝大家在跳槽之前考虑清楚。跳槽是为了提升，而不是因为对原公司不满。

选择离开并不难，真正需要的勇气是坚守下去。

疯狂跳槽的都市"闪电猴"

大多数人频繁跳槽的根本原因是职业定位的不清晰造成的职业迷茫。盲目择业，盲目跳槽，这种现象在刚刚参加工作的大学生中比较普遍。职业顾问认为，一个人如果不能在参加工作的第一年给职业一个良好的定位，对他的职业生涯发展将会是一个巨大的损失。

"闪电猴"是跳槽大军中的极品，因为他们比一般的人更自信，也因为他们确实比一般的人更有能力（或自认为更有能力）。当然，相对而言，习惯性跳槽除了留给"闪者"非同一般的不耐心外，还留给他们一个极大的意外收获：可以集纳各种单位不同模式的成功经验，"海纳百川"地整合"大精华"优势，并不是一般的小打工者们可以具备的。所以，当"闪者"们在自己的"三级跳"中奋力舞蹈时，一旁的管理者总是又爱又恨又无奈。

25岁的方小姐做公关工作，工作两年半，跳槽五次，她的跳槽理念是：每一次超越，都是一次机会。跳槽终极目标：做一个全能的管理者。

说实话，方小姐是一个能吃苦的人，她可以连续工作一个月没有休息日都不在乎，但她最怕别人不承认她和不给她成长的空间。

方小姐的第一次跳槽是在工作十个月后，原因就是工资越来越低。在她已经不能忍受的时候，恰巧有了一个机会。

方小姐很珍惜第二份工作。三个月后，就升了职。五个月后，她又一次"单飞"了。原因很简单，有一个工资和发展潜力都更好的新单位要招人。她瞒着原单位去参加了考试。笔试加面试，600个应聘者只剩下三十几人，里面就有她。

两个月后，因为一个必须要休的长假，方小姐有些不舍地离开了。然后，另一份新的工作只维持了一个月。

第五次，方小姐来到坐落在赛马广场的这家公司。方小姐想，可能是自己对工作单位的要求太高了，所以才会跳得那么频繁。

朋友说方小姐是"跳槽专业户"，但是她听了还挺委屈："他们总不能让我满意，你说我该怎么办？"

点评与建议

人才跳槽并没有什么可怕的，因为要追求成功，要成就事业，就必须有适宜自己发展的空间，有一展才华的舞台。"人往高处走，水往低处流"，跳槽的目的就是寻找适宜发展的空间。然而，习惯性跳槽无异于个人未来前程的自杀行为。

频繁跳槽的人稳定性太低。从一个管理者的角度说，一个新员工要熟悉工作需要一个过程，花了一番心血带他进入正轨，他又去别的地方，对企业来说是很恼火的事情。只要是习惯性跳槽者，企业一般都会拒绝。在美国，跳槽频繁但那是有限度的，一般四年跳一次属于正常范围。在我国，专家认为至少一个人应该在同一个单位工作两年以上才有跳槽的"资格"，否则，他就是一个心性很差的人。

"习惯性厌倦"丧失栖息地

从过去找一个稳定的工作,到现在不定时更换工作,就业观念正发生着翻天覆地的变化。对于部分刚刚参加工作的年轻人来说,工作不仅是谋生的手段,更是积累社会经验、与人交流的一种方式,他们不在乎工作业绩和生活稳定性,辞职对于他们来说就是家常便饭,因为在他们眼中,永远没有一块让他们值得留恋与怀念的栖息地。

25岁的艾丽,大学毕业后留在了哈尔滨,她选中一家工资不高的单位,只为一个原因——参加工作满一年后,可以办城市户口。工作后,艾丽从同事的口中了解到,该单位不能兑现承诺,很多同事工作满一年后,都迟迟地被领导拖着以各种借口不办户口。思前想后,艾丽辞职了。

有了第一次辞职经历,艾丽频频地换工作,累了烦了的时候,她索性辞职去外地游玩一圈。没有钱了,她再找份工作干上一段时间。两年来,艾丽从事过接待员、销售员、收银员、文秘等多种行业,辞职的理由也是五花八门,人际关系不和谐、不能得到升迁、周末经常加班、没有年假……

每当第一天上班,艾丽总是很兴奋,可是时间一长,兴奋变成了烦躁,加上一些不顺心的事,辞职是难免的。她给自己的这个特点起名叫"习惯性厌倦",一旦出现这种情绪,她就用辞职的方式,给生活制造点意外。

当艾丽找到第六份工作后,遇到了比她小两届的校友,人家已经做到了客户经理,而她还在实习。

艾丽虽然很喜欢这种生活方式，但工作了几年，她一直没有多少存款。她开始思考，是不是需要改变自己去适应新工作？因为永无休止的换工作，让她永远找不到终点。

无独有偶。毕业五年的赵杰也是"习惯性厌倦"者之一。

赵杰已经换了十多家工作单位，因为她无法忍受公司的管理：工作期间必须身穿职业装、周末总会不定期地加班、因为一个小错误就被领导责骂……在连续换了多家单位后，加班不加薪、工作枯燥、同事间明争暗斗等现象还是不可避免。

几年下来，赵杰发现大学学的东西毫无用武之地。然而不同的是，辞职本来是因为对现有工作中令人愤怒的部分忍无可忍，或是因为生活需要不得已而为之，但她却跳槽上了瘾。现在，每当遇到任何工作上的问题，赵杰的第一反应就是辞职。

随着年龄的增长，赵杰却越来越失去了前进的方向，现实和理想总难融合，而她又不肯改变自己去适应现实，结果自己变成了职场上"永远的新人"。

点评与建议

艾丽和赵杰都是比较典型的习惯性跳槽。事实上，当他们发现理想与现实的距离而迅速地选择离开，继续寻找两者间共同点，而这个过程远比改变自身还要艰难。

一份新工作、一个新环境都给习惯性跳槽者带来不同的感受，而面对新工作，他们都会全身心地投入，期待这里是实现人生目标的终点。但这份期待没有成为他们坚持的动力，反而由于对工作期望过高，一旦遇到工作中的小麻烦，唯一的办法是马上再跳。

很多职场"习惯性厌倦"者很"潇洒"地炒掉老板后，他们的生活并不"潇洒"。工作的频繁更迭，并不意味着梦想的实现，反而可能会离目标越来越远，最终走进职业困境的怪圈。

只要利于个人发展，换换工作也无所谓——这是大多数跳槽者的想法，但实际上，工作换得太频繁以至于形成习惯，就会让他们在每个地方都得不到发展，反而离目标越来越远。因为每个工作都不能坚持很久，每个工作都必须从头学起，所以无论走到哪里，他们都是"永远的新人"，而用人单位则对"永远的新人"不太满意。

专家认为，工作中，只看到痛苦和麻烦，对于产生的原因、改善的办法，却一片茫然，长此以往就会陷入职业困境的怪圈。工作快乐不快乐的重点，不在于换不换工作，而在于如何应对工作中的难题，跳槽闪人只是逃避困难的方式，却不能真正意义地解决困难，因为职场中的许多问题是共通的，你在这里遇到，换家公司，还是继续遇到，闪来闪去又回到出发的原点。

总而言之，当在你"习惯性厌倦"到头晕眼花、伤筋动骨之前，除了"闪人"，你应该开动脑筋，想出更好的办法来应对。

第七章 习惯跳槽，忙进忙出也疯狂

错误的方式导致跳槽失败

春节前后是每年跳槽的最高峰，很多人因为主观、客观原因，被卷入跳槽大地震。跳槽是职业生涯旅途中在某个驿站的转折，在这里，你将换乘另一列车，驶向心中的目标。不要搭错车、跑错路，否则会与心目中的方向背道而驰，越走越远。

陈晖是前年的大学毕业生，毕业后在一家公司做销售。因为小伙子人气好，外表帅，业务开展得很快，还注重培养自己的工作能力，因此业绩很好，一年后就被公司任命为分公司经理。可又干了一年多，工资还是原地踏步。陈晖为了提醒老板为自己加薪，放出跳槽之风，很快传到老板那里，老板并没给他加薪，反而派他去开拓新的分公司，当然困难重重。而他原来的分公司却由老板的心腹来坐享其成，使得陈晖心中更加不平衡。

陈晖在喊了半年的跳槽后终于真的跳出该公司，到了一个同行企业，但这家公司除了工资没比原来降低，其他方面都不尽如人意。陈晖很后悔，几个月后，原老板因为人手缺少，找不到合适人选，于是两人又第二次握手。可是内心却各有所思，并不融洽。于是，陈晖还是随时找再次跳槽的机会。

这次陈晖有了经验，悄悄跑到咨询公司，请专业人士进行帮助。

点评与建议

陈晖的例子说明，跳槽因采用了错误的方式方法而导致失败，使自己处于去留都不好办的境地。职业顾问给职场人士提出以下忠告：

一是跳槽应该以职业目标为中心，为职业目标服务。对于职场人士来说,发展空间的大小与整个职业生涯息息相关,发展空间包括升职、加薪、创业、成就感几方面。在选择企业时,应从企业发展和个人发展的态势来看,一个广阔的发展空间能将你引进稳健、快速的发展道路,而没有发展空间的工作却只会将人送进职业死胡同,让人浪费时间,浪费生命。具备这些发展空间除个人主观因素——核心竞争力积累等外,所在公司的客观因素——能否提升你的职业含金量,也是必不可少的。人们在判断是否接受一份新工作时,有以下几种比较典型的观点:一种观点认为,选工作主要是选一个适合自己的环境,这种环境包括单位的好坏、行业的冷热等;第二种观点认为,找工作就是找一个发挥自己的机会,这类人一般并不看中眼下的收入多少,而是更注重长远的发展;第三种观点很务实,认为选工作就是选一种赚钱的方法,从这个角度出发,似乎工作本身并不重要,重要的是它能否在一定时间内充分地体现其经济效益。

二是确定目标公司,了解其所在的行业、企业的基本状况,对企业经营状况、企业文化有所感知。择业的重心应依企业规模而异:大型企业选文化,中型企业选行业,小型企业选老板。在择业的过程中要注意考虑公司的企业文化,企业文化是一个公司发展的指路灯,它预示了企业及个人的发展方向,也体现了管理者的领导思路。如果你个人的观点与企业相吻合,那么你可以在此找到合适的发展方向和道路;反之,则会受到阻碍。行业与企业的生存空间有很大关系,对那些不大不小的企业来讲,行业特征可能决定了其未来的发展方向。从成长性的角度看,选对了行业,个人在择业方面也就成功了一半。在小型企业中,老板是不折不扣的"灵魂人物",有着绝对的权威,所以老板的眼光、能力和管理方法对企业未来的发展起着决定作用。因此在选小公司时,老板的风格和为人便成了不可少的判断依据。明确了解目标职位,加深对工作内容与任职要求的理解,分析自己的优劣势和对这个职位的胜任力。这是任何人得到发展的基本方法。从常理上说,只有能力超过所在岗位要求的人才可能被提升到更高要求的岗

第七章 习惯跳槽,忙进忙出也疯狂

位上，胜任就是能游刃有余并恰如其分地发挥个人的才能。

三是不要辞职找工作，要"骑着瘦驴找大马"。你在递出辞呈之前必须好好地三思才能后行，转职前的准备工作一定要做好。不能什么都没准备好，抬腿就走人，导致跳槽的高成本，这是不理智的选择。就业形势严峻，找工作中的很多因素都不是自己能控制的，没有人可以确保自己一定能在某个期限内找到合适的工作。特别是想转换到不同领域、不同职位的人千万不能凭外在的表面印象就冲动地转行。辞职后长时间找不到工作，会影响心情，打击自信，走投无路时就随便接受一个还不如原来的工作。在你决定转职之后，必定会对未来所期待，幻想着通过跳槽达到一个灿烂光明的美好前景。但现实是非常残酷的，新老板、新工作、新环境、新同事都会让你感到理想与现实差距很大。

四是为了顺利地跳槽到目标公司，咨询后、规划好再起跳，否则就会屡跳屡败。你要提前进行如下的精心准备：收集相关的资料、向相关领域中的从业者咨询，了解这些工作实际的工作性质以及所需个人特质和专业技能等，这些都是不可或缺的准备功课。最后，由收集来的资料和面试的过程中，了解这家公司的风气、发展的前景、个人的发展空间。

五是跳槽是一件内心盘算的事情，不要让现任工作的公司知道你想跳槽，否则，对你会有所提防，一般不会再委以重任，晋升加薪。站好最后一班岗，把最后的工作尽职尽责地完成，这是职业操守的游戏规则。不声不响、踏踏实实做好当前的工作，为未来的发展打下坚实的基础，在工作中积累职业含金量。在没有拿到新单位书面的录用通知之前，不要辞职，世事难料，口头的承诺不保险，白纸黑字的东西比较可靠。

六是清楚你最喜欢的技能是否能在这里充分发挥，公司是否能为你的未来发展提供一个平台；你的部门会有什么样的同事，待人是热情友好还是冷漠无情，谁都不愿意到一个充满了斗争的办公室环境中去浪费时间。这些都是你进入一个新地方工作之前应该了解的内容。也许你在外部还不能了解那么多，那在你的应聘面试过程中，这些问题就是你着重应该关心并努力挖掘的。根据职位与公司的要求，制作有针对性的个性求职信与简历。多种渠道争取面试机会，并做好面试前的全方位准备。

　　七是注意离职细节问题。一定要通过电子邮件或寄挂号信的方式递交书面辞职信：万一离职发生纠纷，有据可查。在递交辞职信之前处理好所有的物品、文件与信件：有些公司，你交了辞职信后，就会禁止你再使用公司的电脑和文件。商谈离职日期、赔款等问题时，要学会用法律保护自己的合法权益：一般情况下，只要提前30天递交书面辞职报告，无论公司同意与否，你都可以离职；现在很多公司与员工签署了行业禁止协议，实际上这个合同要生效，根据相关法律规定，公司必须支付给你巨额费用。换句话说，如果公司不付给你"损失费"，他们就肯定没有权利禁止你去同行业的公司。另外，递交辞职信后，做好顺利交接现有的工作：这是任何一个职场人士基本的职业道德。

　　八是不要轻易为了一个希望去冒险。也许当你去一个新单位时，会发现许许多多的问题，很可能是你远远没有想到的。因而，经理人对自己的选择要慎重，而一旦选择了，就不要后悔和轻言放弃。

　　总之，每次的转职都是人生重要的转折点，这个弯转得漂亮会让你下个人生阶段走的顺心如意。如果跳槽势在必行，必须能通过跳槽寻求发展空间，如愿以偿进入职业发展的高速公路才可以起跳。在机会尚未到来的时候，充分利用好现有的工作机会，利用空暇的时间，静下心来为自己充充电，无论哪个行业，哪个企业，哪个职位，实力才是竞争的核心，有了过硬的技能，未来才能抱回一个金饭碗。

把跳槽当成了职场练兵场

职场中许多年轻人，在没有了解市场就业行情，没有对自己的职业生涯有所规划，没有认清自己的实际能力和职业意向的情况下，就选择跳槽。有的将跳槽当成职场练兵，有的出于薪水考虑，有的甚至将跳槽当成了一种时尚。久而久之，跳槽成了一种时尚：工作中遭遇挫折想跳槽，人际关系紧张想跳槽，薪水未如愿想跳槽，升职遇瓶颈想跳槽，工作中出现倦怠情绪想跳槽……"这山望着那山高"的心理，永远觉得下一个工作才是最好、最能发挥自己的聪明才智。因此，许多青年人由于盲目跳槽引发情绪障碍，导致职业心理受挫，从而在众多选择面前迷失了自我。

小顾今年30岁，大专刚毕业就凭借自己的能力，应聘到一家装饰经营公司从事销售工作，由于业绩突出，短短几年就升职为业务主管，月薪4000元左右。可小顾觉得没有上升发展的空间，加之平日里与装饰建筑行业的人接触较多，同行们的薪水都高过自己，心理有些不平衡，于是他做好了跳槽的准备。

然而一年来，他连续跳了好几家单位，却一直没有找到适合自己发展的就业岗位，多次投简历、面试均没有结果，跳槽前的种种幻想和愿望一下子破灭了，自信心严重受挫，于是他开始自责、后悔、否定自己，甚至一度为此失眠。

点评与建议

"没有个人发展空间"，即指员工在工作中无法促进职业生涯的进步，没有学习培训和实践培养的机会，无法在工作实践中得到经验的累积沉淀，提升自身价值。

如何定义没有发展空间，是需要每个职场人士慎重思考的问题，而且要仔细思考是谁的原因造成了没有发展空间。一些人容易把这个理由归结到公司没有机会没有职位，实际上很多时候是由于自己的能力没有达到上升时所必备的各种能力。

另外，如果狭隘地认为上升空间就是职位升迁，那么这是一种对个人长远发展极其有害的价值观。因为未来的扁平化组织结构决定了没有太多的职位可以提供，同时每个公司对不同职位的定义不一样，即使职位名称一致，工作内容也差别很大。而企业选择一个人的标准，首先是看他的个人能力。建议从长远的职业生涯角度来看待目前工作的宽度和深度，在去留问题上一定要慎重。

第七章 习惯跳槽，忙进忙出也疯狂

烦恼就跳槽，越跳越烦恼

身在职场，跳槽是一个绕不过去的话题。很多年轻人平均不到一年半就会"跳一跳"，大学本科毕业生是"跳槽率"最高的人群。

然而，职场总有着这样或那样的不如意，在决定跳槽前，你是否考虑周详？

柳莺毕业至今，短短两年间已换了三份工作。

第一个岗位，是一家大型国企的人力资源专员，那是柳莺大学毕业后的第一份工作，她高高兴兴地去报到了。但不久，她就发现国企的人际关系特别复杂，同事间刻意地保持距离，做什么事都要小心谨慎。而且薪酬和工作业绩不挂钩，晋升时讲资历、背景。

在这种环境下"耗"着，柳莺感觉自己活泼好动的个性怕要被磨平了。她不顾家人的强烈反对，跳槽到一家私企做客户主管。

私企的日子紧张而忙碌，对外要独自联系客户、维护客户关系，对内要做好团队配合。刚开始柳莺很积极，也很投入，薪水也涨了。但渐渐的，她注意到老板根本不管员工培训问题，对社会保险、劳动合同也很"马虎"——只要劳动部门不查、员工不闹，能少交就少交、能模糊就模糊。

在和父母商量后，柳莺再次选择跳槽。事关自己发展前途和保障，她可不想自己对自己"马虎"！第三个工作是柳莺的父母托朋友为她安排的。在新单位，柳莺的经理是父母的朋友，由他处理办公室和行政事务。

有经理照顾，再加上自己勤奋，与年轻同事们配合也默契，柳莺开始享受工作的快乐。没想到，同事们不知怎么知道了她的背景，开始疏远她，连吃午餐时也没人主动和她坐在一起。有时他们正聊什么事，看柳莺一出现，立刻不作声了。

两年换三份工作，是自己太挑剔，还是工作环境确实不好？现在的情况，实在和自己的职业发展期待不吻合。

苦恼的柳莺终于决定：再找下一家！

点评与建议

人生之不如意者十有八九，职场也如此，没有完美的职场乐园。工作中碰到烦恼，反而是锻炼自己的好机会。人际关系是职业生涯必须面对的问题，柳莺不要逃避，要用热情去打动自己的同事。

另外，如果你在工作中能找到了自己的乐趣，也许就不会计较那么多了。

第七章　习惯跳槽，忙进忙出也疯狂

冲动跳槽后，所幸能"复活"

"牛市"在股票市场中指行情普遍看涨，延续时间较长的大升市，如今这一术语也在职场中悄悄兴起，很多人习惯把每年九十月的跳槽高峰称为跳槽"牛市"。有的人在此牛市中顺利跳跃，更好发展；有的人误入怪圈，跳入陷阱，不能自拔，"牛市"反成"熊市"。跳槽失败的案例比比皆是。那么，当我们跳错槽了怎么办？从此一蹶不振吗？从此被不利的环境套牢吗？有没有办法解套呢？我们来看看下面这个案例。

蓝军有五年工作经验，本来是一家软件公司的项目经理。当时，公司给他的待遇在同行业内是比较高的。但按理说，随着经验和能力的提高，他的薪水和职位应该得到提升，可恰恰相反，他已经两年没有涨过薪水了，而且，随着时间的推移，蓝军越来越觉得很难学到新东西。眼看着短时间内自己怕是没有晋升希望了，蓝军想到了跳槽。

可惜的是，蓝军没有对自己进行一次理性的职业规划，而是在跳槽月中被一家小公司允诺的高薪所打动，一冲动便跳了过去。可当他真正参与工作时才发现，在新工作中自己常常被晾在一边。老板对他的工作常是干涉过多，而自己的想法也很难得到落实。以至平时就显得很清闲。但蓝军是喜欢挑战的人，在这个岗位上他更加得不到锻炼和学习。他想离职，可又不甘，不走的话，这样的工作状态又实在受不了。于是，他找职业生涯规划师寻求破解的招法。

在职业生涯规划师的协助下，蓝军对自己的职业目标进行了重新的省视，并决定和老板谈谈，寻找内部跳槽的机会。在多次与老板的沟通后，蓝军得到了老板的支持和认同。如今的蓝军正负责公司的一个新项目。

点评与建议

从蓝军的案例中我们可以看到，切忌因为一次跳槽失利而一跳再跳，从而陷入跳槽惯性的怪圈中，那将会使你的职业生涯变得更糟，尽管蓝军跳错槽以后有幸"复活"，但这也不能说明所有人都能做到这一点。

我们可以看得出蓝军的彷徨，他跳槽的目的是为了高薪，更是为了晋升，为了得到更好的锻炼。而现在的这家公司虽然涨了薪水，却对自己的发展并不利，如果继续在这家公司待下去，蓝军将离自己的职业期望越来越远。对于蓝军来说，这一次的跳槽基本上是失败了。

既然已经跳错槽了，自怜自怨于事无补，甩手不干也解决不了任何问题。规划师认为，蓝军可以从以下几方面寻找解决方案：

一是坚持做满三个月，确定新岗位是否真的不适合。所谓万事开头难。当一个人跳槽进入一家单位或是公司，这个时候，他其实进了一个全新的环境。这个时候他往往会发现工作性质或工作量超出他的能力，或是与上司不和，或是环境不如意等就会感到懊恼，认为自己跳错了槽。对于刚跳进来的新人，如果公司没有任用部门指定的资深员工协助其适应工作环境，新人发现有不如意的地方就往往会与原来自己的职务做比较，并且越比越觉得自己选择跳槽是一个错误的决定，并想到要二次跳槽。

这其实是一种逃避。因为每到一家新的单位，总是需要很长的一段适应时间，总是重新开始。别以为所有问题都会随工作环境的改变而改变。没有环境适应人，只有人适应环境。至少你可以尝试着做满三个月，再看结果如何，你是否能克服这些困难。

当然，也不乏蓝军这样的，一开始就找错了方向，他不是因为遭

第七章 习惯跳槽，忙进忙出也疯狂

遇困难，而是所跳的地方离职业目标越来越远。但是，即使这样，也不妨做满三个月。冷静下来，权当交了三个月学费，虽然代价很大，但至少你不再浮躁，对自己有了更好的定位。而做满三个月也使你不至于显得很差劲，给别人留下话柄。

二是寻找内部跳槽机会。有一种跳槽，叫做内部跳槽。如果你确定不是很适应目前的工作。不妨和老板直说。老板雇用一个人总是希望他能为自己的公司带来更大的效益，他当然也不希望自己的员工不能够完全地发挥自己的实力。比如蓝军，可以看出公司对他还是比较重视的，蓝军完全可以与老板沟通，让老板知道自己的想法，知道自己想要获得更多的学习。你应该让老板明白你熟悉什么工作，你能从什么样的工作那里累积经验，看看老板是不是可以让你在内部跳槽，在一个更适合你的岗位发挥作用。如果善于表达，相信老板会更加重视你，并且认真考虑你的意见。

三是下下之选，理性规划后二次跳槽。在确定自己跳槽失误并且没有办法和上面沟通以求改变的情况下，只能选择骑驴找马，二次跳槽了。不过这次，你绝对要吸取教训，不能再次随大流地选择跳槽，因为跳槽是一件容易上瘾的事。

做好跳槽决定的基础是合理的职业规划。在最后做决定之前，问自己两个很关键的问题：这个决定是不是与自己未来的职业目标越来越接近？会因此而工作和生活得更快乐吗？这是最重要的两个问题。

当然，还有些问题对你的跳槽也很有帮助，如：我希望从事这样一份工作吗？这项工作职务需要何种技能和专业知识？这些我有吗？我要进入哪一个行业？它是我所熟悉的吗？从哪里收集到以上资料？在专业知识和技能上，如果还有不足之处是否需要再进修？

如果你对这些问题做出了明确的回答，你就会很清楚自己想做什么、适合做什么。如果不是很清楚，就需要多花一些时间来思考，必要的时候也可以像蓝军一样寻求专业人士的协助。只有这样，你才不会再次跳槽失败。

  人生最重要的不仅是运用你拥有的，而是要如何在损失中获利，从失败中获益，在逆境中的自我启发与锻炼。以失败为契机，才能明白自己的弱点，并致力去消除弱点，不管令人多么痛恨的经历，都有其正面的作用，若能看到不愉快的经历里"好"的那一面的人，就是"活用"失败经验的人。也许这次你跳错槽了，然而，你仍然有大把的机会，绝对不能沉沦下去，你的职业生涯还长得很。要坚信只要从这段经历中吸取教训，还是会成功的。

  总之，在发现跳槽失利后，首先要考虑的是好好分析一下新的环境，先在内部寻求新的机遇，或新的改变，而不是先考虑再一次跳槽，毕竟如果自己的发展方向及职业竞争力等根本问题理不清、摆不平的话，那只会越跳越糟。若新环境确实不适合自己，那就得勇于放弃并及时调整方向了。

急躁地追逐，使跳槽成为习惯

可爱、率真、独立，抑或浮躁、张狂、叛逆……被贴上这些时代标签的年轻人，过着有别于他们父辈的职场人生。他们觉得趁着现在年轻多跳槽、多学点东西也算是人生的一种经历。在一些人眼中，选择工作，除了喜欢、兴趣、梦想、新鲜等因素之外，不需要太多理由，一句"我选择，我喜欢"就足够了。快乐不快乐，在很大程度上是因为工作环境。他们眼中的理想职场，人际关系很简单，人们可以平等地交流，不能有太多的工作压力，年轻人可以被尊重、被关注。他们对工作的态度比以往年龄段的人显得"轻松"，对于职业和人生问题的处理似乎也更"随心所欲"。

不过也需要认识到，今天的随意辞职，应当建立在未来的幸福之上。如果始终对职业没有认同感，又没有完整的职业规划，只是一时兴起，就轻率地跳槽，那么，将来你会为今天的"潇洒"付出不小的代价。在下面这四个例子中，小雅、晓晨、小力、小豪就是比较有代表性的人物。

小雅今年27岁，在她的观念中，父辈给自己创造了良好的经济基础，并不需要在家为了"养家糊口"而拼命赚钱，只需按照自己的意愿，做自己喜欢的工作。她不喜欢常换工作，但长期在一个工作环境里，她觉得学不到什么东西。

小雅在大学里学的是广告设计。毕业那年，她拒绝了父母给她安排的工作，独自在杭州"孤军奋战"。但每年过年前，她就会向单位提交辞职信，回家好好休息一段时间。

小雅说："我换工作是有理由的，每个公司的管理模式、工作方式和内容及产品的定位都不一样，我想每样都尝试一下。另外，长期待在一个地方上班，容易失去斗志。"

小雅曾经工作过的三家公司，规模有大有小，她在公司里从事的工作内容也不一样，有室内设计、平面设计、装饰设计……不断跳槽，小雅学会了很多跨专业的软件，她觉得自己的专业覆盖面更广了。但实际情况是，现在的设计公司一抓一大把，根本不怕找不到工作。于是每到春节，小雅觉得难得过一个年，就要给自己放个长假！如果可能，她还想在春节后跨专业找工作。

晓晨今年24岁，在大学里学的是金融管理，去年大学毕业后在一家外贸公司工作了几个月，就不干了，11月份来到另一座城市找工作。她在人才网上挂了简历，很快有公司打电话来说缺个话务员，让她去面试。

流利的方言、普通话和甜美的嗓音，让老板一下子就"相中"了她，晓晨也愿意留下来上班。

一开始接电话，晓晨还觉得挺有新鲜感，但时间一久，就觉得这样的工作很无聊，公司生意一忙，每天得接好几百个电话，回到家声音都哑了。

快到春节时，公司业务也差不多结束了，晓晨就向老板提出辞职。老板虽然一再挽留，但晓晨依然辞了职。

在去另一座城市找工作之前，她先回家过年。回到家后，晓晨每天的生活就是吃喝玩乐。

节后，父母一再催促晓晨去找工作，但晓晨总提不起精神。她说："就当这是自己的最后一个寒假好了，在家好好休息，然后我会找一份好的工作，努力上进。"

小力今年28岁，去年11月开始，小力就完全没有可自由支配的时间，昏天黑地地加班和没完没了的应酬，以及从早到晚的会议，让人忙得像个陀螺,他一脸愁容。甚至连办公室里的同事都开他的玩笑:"这段时间你喝咖啡、吸烟以及皱眉的频率,是以前的三倍。"

小力是老板的助理兼秘书,上班时间整理文件、写材料、接电话,下班后还得陪老板在外应酬。老板喝得酩酊大醉的时候,他还得第一时间赶过去将他送回家。

两年前的一件事情,更是让小力萌生了辞职的想法。老板一再暗示小力,公司一旦有事情,就要随叫随到。小力知道,那意味着在全国上下都阖家团圆的日子里,自己依然要随传随到,应酬那些随时到访的客户、应付那些不期而至的工作。去年春节就是如此,他完全是在加班中度过的。

小力愤愤地说:"我是人,不是神!我已经受够了这种完全没有自我的工作状态。我也有父母和朋友,也应该有节日和尽情享受的假期,我不想再做一部不停工作的机器了,我需要一个清净无比的新年,所以,我就提出了辞职。"

小豪今年25岁,在大学里读的是文秘专业,2009年毕业后进入某公司从事办公室文员工作。虽然工作一直非常繁忙,但刚毕业的他对此乐此不疲,每天干得不亦乐乎。老板也对他赞赏有加,说他有上进心。

几个月过去了,一时的新鲜感被工作的疲惫感完全淹没了,工作量不断加大,薪水却在原地徘徊。公司是做外贸生意的,有时候订单多了,小豪就得彻夜加班,回到租住的小房子里,腰酸背痛的感觉让人特别难受。眼看年关将至,小豪想,再熬一下就过去了,到时候直接辞职回家,在家休养几个月好了。

春节前的最后一个月,小豪简直是度日如年,每天数着手指头过日子。终于,还有半个月就过年了,一大早,他神气地将自己头一天晚上打好的辞职信"咻"地一声放在老板的桌子上,直接走人了。

现在的小豪手机想关就关,睡觉睡到自然醒,没有加班,没有应酬……过年这段时间，在家中的小豪算是得到了彻底的放松，同学聚会、家庭聚餐，想做什么就做什么。

过完年，小豪又开始寻找新工作了。他觉得，以前的工作量在薪水上得不到体现，"好的工作在后头"。

点评与建议

虽然有些人辞职是为了过年休假、跳槽学更多的东西、不想成为工作机器人，等等，但最主要的原因，还是期望更高的薪水和较为轻松的工作环境。大部分辞职的年轻人和小豪一样，认为"工作量在薪水上得不到体现"，虽然不等着薪水来养家糊口，但还是希望能体现自身价值。

专家认为，频繁跳槽，体现了年轻人的不成熟，对工作不上心。时常跳槽，让人觉得对这份工作缺乏"忠诚度"，缺少责任心。既然当初选择了这份职业，就应该用自己最大的热情来努力工作，通过自己的努力不断上进。

事实上，年轻人如果对自己的将来已有长期的规划，又能在跳槽中汲取经验，不断完善自己，这样的频繁辞职、变换工作，是值得的。反之，如果你连自己将来要做什么都不知道，只是因为急于获得眼前利益，总想着多些多些再多些，快些快些再快些，为了追多求快，就急着追求高待遇，急着换岗位，在这些急躁的追逐中，你只会离成功越来越远。

第七章 习惯跳槽，忙进忙出也疯狂

遇到麻烦就跳槽，跳来跳去成习惯

虽然，这个社会存在着无数的可能性，人们的观念也足够开放。跳槽，即使对普通人来说也并不算什么大事，这也许是人才寻求最佳发展舞台最有效的途径。但是，跳槽是有前提的，同时也是要把握住的。要明白，只有在特定条件下的跳槽，才是有必要的，例如，职业错位就必须及时跳槽。适合做与人打交道跑业务的，却让他埋头于办公室；适合当作家的，却让他走到市场一线做销售。这就是典型的对人才使用不对称，未能做到尽其位。对于这种情况，应鼓励其果敢地跳槽，去做真正适合自己的事。除此之外，频繁地跳槽，只会对自己的发展造成消极影响。

下面这个例子，就是一个典型的代表：

王飞特别聪明，在很多朋友眼里，他的前途一片大好。但是，三年后，他却是周围众多同龄人中混得最差的一个。这都是他的习惯性"跳槽"惹的祸。这已经是他第16次跳槽了。

王飞刚毕业的时候，进了一家民营企业。当时，老板对他特别满意，还教给他很多的东西，不停地鼓励他。但是，半年后，他很快发现了公司的内部秘密——公司欠了一堆外债，他马上有了危机感，就选择了跳槽。

王飞第二份工作是做销售，但是内向的他不善言辞，他很少能拉到大客户，不太了解人情世故的他，还常常在应酬的场合出丑，久而久之，不仅客户不愿意理他，连同事也不愿意靠近他了。处于尴尬境地的王飞，既没钱赚，又没有什么前途，就辞职了。

王飞在干第三份工作的过程中，很快遇到了新的麻烦，他又准备跳槽了。就这样，王飞每遇到麻烦就跳槽，跳来跳去就习惯了。

点评与建议

事实上，工作时间久了，每个人都会产生厌倦情绪，这也是为什么人们那么热衷跳槽的另一个原因。但这时候，关键问题不是跳不跳槽，而是想办法扩展你的事业。因为一个人可以把一件事情越做越大，也可以越做越窄。所以说，跳槽并不是解决问题的万能药，只有改变思想观念，行动起来，主动调整自己的心态，充实自己的能力，才是最为关键的。

有些员工遇到问题就显得很被动，甚至被领导指出来的时候，也不去面对。他们觉得这样对自己的发展很不利，但他只知道怨天尤人，不敢主动去与老板沟通。然而，逃避躲不过问题，越是害怕的事情，越要主动去解决。因为很多时候，越是你害怕的事情，往往越是制约你发展的"瓶颈"。

第七章 习惯跳槽，忙进忙出也疯狂

跳槽为了"做真我",忠诚可疑

职场发展犹如选股票一样,当发现它的潜力和走势达不到你的期望值时,还是果断地把它抛掉,另选一只吧。尤其是在现在这样多元化的社会生活状态下,随着生活空间的扩大与拓展,人的能量也在不断地被开发出来。

不管青年、中年还是老年,只要认识到这一点,便会有所作为。如果你发现自己身上还有着一股没有被开发的潜能,在考虑清楚的情况下,大胆地将这种潜能开发出来,扩展开去,也许能开辟另外一片广阔的天空。这好比鱼儿一样,放在缸里,虽然养尊处优,但永远只是一条小鱼;如果放到大江大海里,虽然群雄角逐,但很可能就能锻炼成一条大鱼。

宋娟在一家合资公司做公关部经理已经五年了,今年29岁的她也算是小有成绩,工作稳定、生活安逸、家庭幸福。但是在每天上班下班的晨昏之间,她总感到另一种渴望:渴望生活多一些变化,渴望自己也有当一回老板的机会。

终于有一天,她辞掉了令人艳羡的工作,办起了一家私人酒店。大家都很惊讶,也非常奇怪,一向踏实稳重的她,怎么这么轻率,突然一个急转弯,做起了与原来的职业风马牛不相及的酒店老板呢?

其实,宋娟对办酒店的兴趣,是一次偶然的机会才发现的。两年前的一个夏天,她去参加一个宴会,那天的客人真多,而那家酒店从客人的接待到餐饮的质量,似乎都很糟糕。她没有吃好就退席出来,在接待厅的沙发上边休息边等朋友。

这时，有一个人过来跟宋娟聊天，原来他就是酒店的老板。他问宋娟怎么坐在外面，对他的酒店是不是感觉不满。当时，宋娟的确带着不满的情绪，把自己的理解说了一大套。他听完之后非常惊讶，说这些都是他所希望听到的，还夸宋娟虽然是客人，但对于酒店的经营有着先天的聪慧，当即就表示要高薪聘宋娟当大堂经理。宋娟没有答应也没有否定。

但从那次以后，她就经常去参观全城大大小小的酒店，然后再找一些有关的资料来看。宋娟发现，自己对办酒店的确有着一种特殊的追求和敏感。

宋娟发现了自己的这个潜能以后，就越来越强烈地感觉到，原来的工作根本不能充分施展自己的潜能。于是，她跟老公商量后，老公也很赞成她的想法，于是他们把这几年的积蓄拿出来，开了这家酒店。虽然这样的投资和转变有一定的风险，但是宋娟觉得这个过程她追求了，她实现了。她能走出来，觉得对自己来说本身就是一个成功。至于下一步，她会踏踏实实去做。她很自信，相信不会做得太差。

至于跳槽算不算不忠诚，宋娟认为，这要看你是不是一个有事业心并且有能力有作为的人。如果回答是肯定的，这和你的忠诚度丝毫没有冲突。

在宋娟看来，"想做真我，与忠诚无关"。跳槽并不等于不忠诚，更不等于背叛，忠诚也不等于一定要死守在一个地方。如果回答是否定的，说明你胸无大志，无所作为，那你就不如继续忠诚现在的职业，否则，你连现在的职业恐怕也保不住。

点评与建议

对事业已经比较成功的人来说，放弃已有成就的领域而转投其他行业确实不易，不但要从头学起，从头干起，而且还要承担经济上的

第七章 习惯跳槽，忙进忙出也疯狂

损失和精神上的压力，所以决定前一定要考虑透彻，拿定主意。一方面，在原有领域走得越远的人，转做其他行业的难度也就越大。但对经济有了一定基础，没有太多后顾之忧的人来说，只要你认为转换方向是正确的就不要再犹豫，因为等待、观望的时间越长，付出的代价也就越大。

另一方面，通过深造、进修学习新知识，用心拓展自己的兴趣、见闻和逻辑思考，在思想上、技术上、观念上紧跟时代的步伐。成功永远来得不晚，当你找到了一项深深吸引你的事业，再将全部精力投入进去，就一定能取得不凡业绩。

职场专家给习惯跳槽者的忠告

每年新年伊始,那些职场上的习惯跳槽者便开始跃跃欲试了。好像他们身上有一股不稳定的情绪,一到岁末年初就开始情绪化——那颗不稳定的职场心开始驿动,生怕稳定、生怕没有变化,很多人已经养成了习惯性跳槽的坏毛病,陷入其中而不能自拔。

很多职场人借调整期发展自己无可厚非。但是,一些职场人,尤其是职场新人,不是从战略的高度审视职场,而是仅仅凭借冲动的情绪而盲目跳槽。他们似乎也明白"天下乌鸦一般黑"的道理,但是心里明白和做得到是两回事,以至于一些人盲目跳槽后慨叹:还不如原来公司呢!这样的人大有人在。

跳槽后,如果蓝天白云、豁然开朗,说明槽跳对了;如果后悔当初、混沌莫开,说明槽跳错了。而在跳槽之前,更多的是意气用事、没头没脑,仅仅凭借心血来潮、血气方刚,"我年轻我怕谁"的一股心理力量盲目而为,其结果的不尽如人意还不是自找的。

更为糟糕的是,一次错误跳槽会接着另一次错误跳槽,因为,一次错误本身就会为下一次错误埋下伏笔。那些习惯性跳槽者,其频繁跳槽的坏习惯就是在一次次重复错误跳槽的行为中养成的。

当跳槽成为一种习惯的时候,"职场难民"们就应该仔细考虑自己为什么要不断地跳槽,并且越跳越烂。为什么机会不降临我们的身边?是社会的原因吗?是糟糕的企业越来越多吗?诚然,这并不是主要的因素。同样条件的,甚至是比自己能力差的人都进入了好公司,这不是很好的范例吗?

第七章 习惯跳槽,忙进忙出也疯狂

提升自我接纳度能够给职业规划带来一大收获，而依赖"投机心理"靠碰运气寻找适合自己的职业选择，在职业高度细化的今天更无异于大海捞针。因此，只有制定明确切实可行的目标，才能为工作带来长久的驱动力。

第一，为什么跳槽。

什么时候是跳槽的理想时机？为什么要跳槽？很多跳槽者其实并没有从心态和创造跳槽条件上做好准备，所以在跳槽前，这些问题也是跳槽者必须先自我发问的。

跳槽是在选择什么？是因为职业发展（包括技能学习、上升空间、薪资待遇）受限，还是因为缺乏工作新鲜感或人事关系处理上存在问题？如果是后者，必须确定自己是在通过自我调整等努力后仍无法解决的情况再选择跳槽。

有没有一个完整的跳槽计划？确定一个跳槽的时间表，如果跳槽，你将付出什么样的时间承诺，打算花多长的时间来收集信息，跳槽的进度如何控制。确定如何获得各种信息，怎样吸引企业或猎头的关注。求职者在跳槽时，应全面衡量社会环境和个人因素。

在选择离开原公司，开始新的选择时，有几个因素必须要衡量：考虑自己在目前公司的长期职业晋升前景；考虑公司的发展方向和前景；考虑职业发展规划；考虑自己的市场价值和期望的薪资待遇。

跳槽与否、跳槽的频率，同样受到所处行业的影响。在某些特定的行业，比如广告、媒体、公关，很多人都频繁跳槽，而在政府机关工作的人跳槽的可能性最小。因所从事行业的不同，跳槽的原因也有一定的倾向性。例如在消费品企业，因为该行业业务快速发展，不得不在人才上开展竞争，所以挖墙脚也是成为引起跳槽的主要原因。而在医疗和生命科学领域，职业发展受限制成为员工跳槽的主要原因，这在很大程度上也是由于该行业正在进行大规模的重组和机制改革。在电信和信息技术领域，重组也是造成员工流动的重要原因。

第二，起跳前的准备。

对个人来说，开始一份新工作最尴尬的就是他们可能会发现，之前的工作可能更好或他们所期待的改变并没有发生。但如果员工在更换工作不久后又跳槽，那么这对他们找新的工作会有不利的影响。那么如何通过合理准备避免跳槽可能遭遇的风险呢？建议求职者在跳槽前做好心理准备。是否具有积极成熟、面对压力的心态非常关键。如果不是很清楚，就需要多花一些时间来思考自身的问题。有些人只是为了换工作而换工作，这是相当危险的转职念头。

第三，要做一份好的简历。

简历就是敲门砖，能不能得到面试机会，在很大程度上取决于它。好的简历应该有这样几个特征：简洁，不要拖沓，最好是一页纸；突出优势，展现你的能力和素质；把不重要的地方直接省略，如对应聘岗位没有用的部分。

简历是不可以轻易拿出手的，因为一个企业只能给你一次机会。如果你轻易把简历投出之后，第一遍他没有看重，那么以后他再也不会看你的简历了。

第四，找好一个行业。

根据你的兴趣和能力，也就是要做好职业方向测试，找准你要进入的行业。也许这个行业目前很糟糕，但只要你认定适合你，就不要再犹豫。

比如说想做出版行业，想在上海这个城市发展。很明显只要找上海最好的出版企业就是了。记住，这就是目标，就像追女孩子一样。这时候如果有另一个企业要你，你会拒绝吗？通过这个问题，可以明确这一点，求职欲望是不是强烈，和这个行业和企业在你的心中有多大的分量有关。正确的求职观，应该是有一定舍得的。

通过网络、报纸、电视、朋友、现场等所有可以的方式来了解这个企业。然后，拿起你的电话给这个企业的招聘负责人打个电话，进入下一个环节——面试。

选中的这个企业或许不招人,但一定要想办法见到这个企业的招聘负责人。只要能见到,那就是面试成功的一半了。

第五,放下你的架子。

你是来学习的,不是来逞能的。只要这个单位提供工作你就接受,虽然一开始可以是不对口的岗位。

做好这些当然不是万能的。这些都只是提供了理论上的可能性,至于能不能做好,就全靠自己了。不如说,当你确实不能被一家企业录取的时候,怎样坚持就是一个很大的问题了。